Schöne, schwierige Welt – Leben mit Klagen und Loben

Ausgewählte Psalmen
mit Auslegungen
von Othmar Keel

---

54. Bibelwoche
1991/92

Herausgegeben im Auftrag
der Arbeitsgemeinschaft Missionarische Dienste
von Christian Petran, Siegfried Schulze
und Wolf-Dietrich Talkenberger
Redaktion: Wolf-Dietrich Talkenberger

ISBN 3-7461-0130-1

1991
Evangelische Haupt-Bibelgesellschaft zu Berlin
Reihengestaltung: Manfred Damaszynski
Gesamtherstellung: Mühlhäuser Druckhaus

Inhalt

Vorwort

Das Nachdenken über ausgewählte Psalmen in der Bibelwoche 1991/92 will eine Hilfe für eine realistische Sicht der Welt sein – für eine Sicht, die Harmonie wie Disharmonie wahrnimmt. Wir werden angeregt, Freude *und* Enttäuschung vor Gott auszusprechen – wir werden in einer »schönen, schwierigen Welt« zum Gotteslob eingeladen wie zum Klagen vor Gott ermutigt. Natürlich sollten Psalmen zuerst und zuletzt gebetet werden, aber das ist kein Widerspruch zu einer Psalmen-Bibelwoche. Ganz im Gegenteil: Sie kann helfen, daß eine Gemeinde mit vertieftem Verständnis Psalmen beten kann und sich so ihr die tragende Kraft der Lob- und Klagegebete erschließt.

Ausgehend von der Vorbereitungskonferenz für die Bibelwoche im September 1989 im Berliner Missionshaus, haben an der vorliegenden Arbeitshilfe – wie bisher – verschiedene Autoren mitgewirkt: Verfasser der Exegese ist Professor *Dr. Othmar Keel*, Alttestamentler an der Universität Freiburg (Fribourg)/Schweiz. Entsprechend seinem besonderen Spezialgebiet hat er der Auslegung aufschlußreiche Abbildungen beigegeben, die die Bedeutung der Archäologie für die Bibelauslegung zeigen können. Die Anregungen für einen biblischen Vortrag stammen von Pastor *Andreas Fischer*-Berlin (1.–3. Abend) und Pfarrer *Armin Vergens*-Berlin (4.–6. Abend), die Gottesdienstanregung zum Text des 7. Abends schrieb Pfarrer *Ludwig Ammer*-Görlitz. Die Gesprächsanregungen verfaßten Rektor *Hartmut Lippold*-Erfurt (1., 3., 4. Abend) und

Pfarrer *Dr. Bertram Pittner*-Erfurt (2., 5., 6., 7. Abend). Vergleichstexte sammelten Pastorin *Gertrud Klätte*-Herrnhut (»Ökumenische Stimme«) und Pfarrer *Werner Hinkel*-Mittelsaida. Beigegeben sind Praxisberichte (verfaßt von Pfarrer *Wolf-Dietrich Talkenberger*-Berlin) von einer Berliner Bibelwoche, einer Begegnungswoche für Gemeindeglieder aus dem Ost- und Westteil der Evangelischen Kirche der Union. Wir freuen uns sehr, daß dieses Heft von ökumenischer Zusammenarbeit geprägt ist: Sowohl Professor Keel als auch Dr. Pittner sind katholische Theologen, Pastor Fischer kommt von der Evangelisch-methodistischen Kirche, Pastorin Klätte von der Brüder-Unität. Und so ist es unser Wunsch, daß auch weiterhin Bibelwochen in unseren Gemeinden in ökumenischer Gemeinschaft gestaltet werden.

Dieses Heft, das im Winterhalbjahr 1989/90 erarbeitet wurde, ist das letzte von der Arbeitsgemeinschaft Missionarische Dienste in Berlin herausgegebene, für das Wolf-Dietrich Talkenberger die Verantwortung trug. In Zukunft wird ein gemeinsames Mitarbeiterheft für ganz Deutschland angeboten werden. Auch schon vor der Wende haben wir in der uns damals möglichen Weise die Bibelwochenarbeit mit Schwestern und Brüdern der Arbeitsgemeinschaft Missionarische Dienste im Westen Deutschlands – unter ihnen seien vor allem Pfarrer Detlef Puttkammer in Stuttgart und seine Vorgänger erwähnt – gemeinsam geplant und verantwortet. Nun kann die Bibelwochenarbeit in jeder Hinsicht eine gemeinsame Aktivität in Deutschland sein – und darüber hinaus im deutschsprachigen Raum. Mögen daraus neue gute Impulse für die Bibelwoche entstehen, damit sie hilfreich für den Bau der Gemeinde sein und bleiben kann.

Christian Petran   *Siegfried Schulze*   *Wolf-Dietrich Talkenberger*

Texte, Themen und Lieder

Schöne, schwierige Welt – Leben mit Klagen und Loben

(1) Erträumen – erfahren (Ps 23)
(2) Verzweifeln – vertrauen (Ps 73)
(3) Bewacht – behütet (Ps 139)
(4) Besorgt – staunend (Ps 104)
(5) Abgewiesen – angehört (Ps 74)
(6) Zerschlagen – aufgerichtet (Ps 130)
(7) Verdrängen – erinnern (Ps 103)
Psalm der Bibelwoche: Lk 1,46–55 (Lobgesang der Maria)

Lieder für die Bibelwoche

Lied der Bibelwoche
EKG 187/GKL 47: Nun jauchzt dem Herren, alle Welt
Lieder für die einzelnen Abende:
(1) EKG 178: Der Herr ist mein getreuer Hirt
(auch singbar nach EKG 239)
(2) EKG 289/GKL 73: Auf meinen lieben Gott trau ich in Angst und Not
(3) GKL 51: Herr, dir ist nichts verborgen
(auch singbar nach EKG 283)
(4) EKG 231/GKL 58: Nun danket all und bringet Ehr
(5) EKG 282: Wenn wir in höchsten Nöten sein
(6) EKG 195/GKL 50: Aus tiefer Not schrei ich zu dir

(7) EKG 234/GKL 59: Lobe den Herren, den mächtigen König der Ehren

Weitere Lieder

Allgemein: EKG 197 – EKG 232 – EKG 235 – EKG 237 – EKG 294 – EKG 296 – EKG 297

(1) EKG 454 (EKU)/EKG 453 (luth.) – EKG 297, 11–12

(2) EKG 247 – EKG 283 – EKG 288 – Beiheft 10

(3) EKG 128 – Beiheft 60 – GLW 19–GLW 53

(4) EKG 230 – EKG 238 – Beiheft 54 – Beiheft 56

(5) EKG 177 – EKG 209

(6) EKG 248 – GKL 71 – GKL 72

(7) EKG 188 – GLW 9 – GLW 71

Zur Einführung

Psalmen – Brillen für die Wirklichkeit

Worüber klagen und was loben? Das hängt mindestens z. T. von der Brille ab, durch die man sieht. Ich habe zwei Brillen: eine für die Nähe, vor allem zum Lesen, eine für die Weite. Mit der einen sehe ich die Buchstaben scharf, aber die Leute auf der Straße verschwommen und umgekehrt. Manche Brillen sind getönt.

Manche brauchen keine Brillen. Sie sehen normal. Aber unsere normale Sehschärfe deckt nur einen geringen Bereich. Manches sehen wir nicht, weil es zu fern ist, anderes, weil es zu klein ist.

Andere Lebewesen haben andere Sehkapazitäten als wir. Ein Steinadler sieht einen 20 cm langen, jungen Alpenhasen noch aus 3,7 km Entfernung. Die zentrale Netzhaut des Bartgeiers vergrößert 2,5mal. Andere Lebewesen sehen nicht nur weiter und schärfer. Sie sehen anders. Viele Vögel unterscheiden weit mehr Farbtöne als wir und noch krasser: Honigbienen nehmen Blumen, die wir als gelb wahrnehmen, als violett wahr. Ist das nicht ein bißchen unheimlich? Ist gelb nicht gelb, violett nicht violett?

Ein Text hat insofern Ähnlichkeiten mit einer Brille, einem Mikroskop, einem Teleskop, als er gewisse Dinge ins Bewußtsein hebt, andere übergeht, sie in einem gewissen Licht darstellt, den gleichen Menschen entweder als Genie, als Verbrecher oder als banalen Durchschnittsmenschen darstellt. Was ist die angemessene Optik?

Für verschiedene Bereiche brauchen wir verschiedene Arten von Sehhilfen. Ein Mikroskop hilft nichts in der Oper, ein Feldstecher nichts bei der Blutanalyse. Ein Pilzbestimmungsbuch schärft nicht unsern Blick für Briefmarken, ein Katalog mit Personenwagen beseitigt unsere Wahrnehmungsschwäche für die psychologischen Bedürfnisse unserer Umwelt nicht.

Wie jeder Text, sind auch Psalmen Brillen für ein Stück Wirklichkeit. Für welches? Psalmen sind Gebetstexte. Gebetstexte lesen heißt, bestimmte Darstellungen Gottes sehen, die bewußt aus der Sicht des Menschen gestaltet sind, und zwar des Menschen, der auf etwas aus ist, der sich mit dem letzten Geheimnis der Welt in Beziehung setzen will. Es ist der bedürftige Mensch, der spricht; der Mensch, der etwas braucht – und wäre es nur, seine Dankbarkeit zum Ausdruck bringen, weil er, beschenkt, nicht undankbar sein kann und will. Im Gebet versuchen Beter und Beterin, sich dem innersten Kern oder dem letzten Horizont ihrer Existenz zu nähern. Kein bescheidenes Unterfangen! Wer soll und kann sich in einer Welt von verlockenden Fast-Food-Angeboten, die schnell auftauchenden Bedürfnissen entgegenkommen und sie schnell befriedigen, mit diesem Versuch beschäftigen? Und wenn sich tatsächlich Männer und Frauen finden, die sich damit beschäftigen wollen, wie können sie wirksam vorgehen? Sind Texte wie die Psalmen, die 2300 bis 2800 Jahre alt sind, geeignet, Hilfestellung zu leisten? Sie sind alt und damit in manchen Punkten nicht sonderlich leser- und leserinnenfreundlich. Aber sie haben ja all die Jahrhunderte nicht tot im Wüstensand gelegen, sondern sind von Kopf zu Mund gegangen. Sie sind nicht nur alt. Sie sind bewährt.

Bei so bewährten und bekannten Größen besteht die Gefahr, daß man sie zwar zur Hand nimmt, aber nicht wirklich benutzt, daß man sie als Antiquität, als Accessoire handhabt, die Brille hochgeschoben an der Stirn trägt, aber nicht vor den Augen, um besser zu sehen.

Benutzen wir sie wirklich, können wir erstaunliche Wahrnehmungen machen. Das abendländisch christliche Beten hat die Welt oft als Jammertal und das tatsächliche Leben als irdisches abqualifiziert. Das Entscheidende erwartete man für die Zeit nach dem Leben, wo jenseits der Schwelle der göttliche Richter wartete. Zu ihm hin drängte man sich im Gebet, er möge einen ins ewige Licht führen und nicht in die ewige Finsternis stoßen. Erlösung hieß Erlösung von den Sünden und Befreiung zum ewigen Leben. Von diesem ganzen Bereich kann man mit Hilfe der Psalmen bestenfalls die allerersten Anfänge sehen. Entwickelt sind ganz andere Dinge. Andere Dinge stehen im Zentrum. Was rücken die Psalmen ins Zentrum? Was sieht man durch die Brille der Psalmen?

Wie soll man vorgehen?

Um in den Psalmen nicht nur Spiegelungen unserer eigenen Gedanken wahrzunehmen und nur so zu tun, als ob wir die Brille benutzten, ohne uns ihrer Sicht der Dinge zu stellen, müssen wir die Brille bewußt aufsetzen und uns an die ungewohnte und anfänglich oft mühsame Optik zu gewöhnen versuchen. Nur dann ist der Lohn zu erwarten, etwas zu sehen, was wir bisher nicht oder nur unscharf und verschwommen wahrgenommen haben.

Die wissenschaftliche Bibelauslegung hat für diesen Prozeß der Gewöhnung an die fremde Optik ein reiches und nützliches Instrumentarium entwickelt: Textkritik, Literarkritik, Motivkritik, Gattungskritik etc. Die reflektiert festgelegten Schritte sollen uns zwingen, den Text, wie er ist, ernst zu nehmen. Man darf dieses Instrumentarium aber nicht abergläubisch und pedantisch benutzen. Die Reihenfolge der methodischen Schritte wird oft mit kanonischer Gewißheit präsentiert, obwohl z. B. die Praxis, die Literarkritik (Einheitlichkeit, Kohärenz eines Textes) vor der Motiv- oder Gattungskritik zu behandeln, sehr fragwürdig ist. Literarkritischen Schnitten, die neustens auch bei den Psalmen sehr in Übung gekommen sind (Spieckermann, Zenger), sollte eine sorgfältige Prüfung der traditionellen Motivkombinationen, des Aufbaus, der Gattung vorangehen. Wenn die Psalmen ihre Funktion als interessante Brillen für die Gebetswirklichkeit bewahren sollen, dürfen wir sie nicht zuerst aufgrund unserer Vorstellungen von Kohärenz neu schleifen. Das »Kriterium stilistischer Verträglichkeit und inhaltlicher Konzinnität« (Spieckermann 1989: 25) ist sehr problematisch, wenn es von unserm abendländischen, griechisch-lateinisch bestimmten, Stilgefühl und von *unsern* Ansprüchen an Konzinnität bestimmt wird.

Es sei unbestritten, daß es in den Psalmen Bearbeitungsspuren und Nachträge gibt. Bevor man solche postuliert, muß man die in den Psalmen angewandten *Formen* berücksichtigen. Wenn etwa in Ps 25, einem Gedicht, bei dem jede Zeile mit dem nächstfolgenden Buchstaben des hebräischen Alphabets beginnt, am Schluß, nach der Strophe, die mit Tau, dem letzten Buchstaben des Alphabets, anfängt, noch die Bitte steht: »Gott, befreie Israel aus allen seinen Nöten!«, dann ist aufgrund des *in diesem* Psalm eindeutig vorliegenden Formprinzips klar, daß dieser Vers nachträglich angehängt worden ist.

Wenn man aber sieht, wie in Psalm 130 (»Aus der Tiefe«) die nach unserm Geschmack etwas angehängt wirkende Aufforderung an Israel, auf JHWH zu vertrauen, mit den vorangehenden vier Versen einen klaren Chiasmus bildet (vgl. zu Ps 130 *Aufbau*), wird man sich hüten, diese Verse literarkritisch abzulösen. Der *Chiasmus* ist ein in der hebräischen Poesie sehr wichtiges Stilmittel. Er stellt als Stilfigur Geschehensabläufe als korrelierte und einander entsprechende dar. Ein ganz knapper, klarer Chiasmus findet sich in Gen 9,6: »Ein Vergießender (a) Blut (b) des Menschen (c), durch Menschen (c′) sein Blut (b′) werde vergossen (a′)«. Der Chiasmus drückt allein durch die Wortstellung eine Entsprechung aus. Wir würden sagen: »Das Blut desjenigen, der Menschenblut vergossen hat, soll seinerseits oder ebenso, und zwar durch Menschen, vergossen werden.« Die chiastische Wortstellung drückt das »ebenso, entsprechend, und zwar« aus. Der Akzent liegt auf den innersten zwei Gliedern. Es geht um Menschenblut und um die Gewohnheit oder die Pflicht der Menschen, das vergossene Blut zu rächen.

Ebenso aufmerksam wie auf die in der hebräischen Poesie üblichen Formen muß auf traditionelle *Motivkombinationen* geachtet werden. Subjektive Eindrücke genügen nicht. So findet Spieckermann etwa »den Übergang von der endgültigen Bändigung der gefährlichen Chaoswasser (Ps 104,9) zur friedlich-freundlichen Wasserversorgung der Erde und Kreatur (in Ps 104, 10ff.) als ausgesprochen hart« (1989: 29). Ein Blick auf die Geschichte dieses Motivs zeigt aber im Gegenteil, daß das Nebeneinander von beiden keineswegs »hart«, sondern ganz und gar traditionell und für den alten Orient absolut stimmig und so nicht im geringsten Anlaß für einen literarkritischen Schnitt ist. Denn ähnlich wie in Ps 104 werden auch in Ps 46 nach dem Aufruhr und der Bannung der Chaoswasser die kanalisierten Abzweigungen des gebändigten Unterweltsstromes genannt, die nun die Gottesstadt erfreuen (V. 4 und 5). In Ps 74 folgt auf die Überwindung des Leviatan und des aggressiven Meeres die Schaffung von Quellen und Bächen (V. 13–15). Die Logik dieser Abfolge verdeutlicht eine Passage aus dem babylonischen Schöpfungsepos *Enuma elisch*, wo die Taf. 5 in den Zeilen 53ff. erzählt, wie der Gott Marduk das überwundene Chaosungeheuer Tiamat anbohrt, um Quellen zu schaffen:

»Er machte die unterirdischen Wasser frei, die Flut ergoß sich,
in ihren Augen schloß er den Eufrat und den Tigris auf…«

Nachdem die vielen Wasser in die Schranken gewiesen sind, wird Wasser in gedeihlicher Menge beschafft. Erst jetzt ist die Welt bewohnbar.

Wo literarkritische Schnitte nicht aufgrund von Störungen nachweisbarer Formprinzipien und geprägter Motivkombinationen, sondern aufgrund rein subjektiver Eindrücke gemacht werden, wird der Text nicht erklärt, sondern verdunkelt, nicht belebt, sondern verstümmelt.

Da die Hauptgefahr für die Fehlinterpretation eines Textes im Herauspicken einzelner Wörter und Sätze und im wissenschaftlichen Zerreißen des Zusammenhangs liegt, soll bei jedem Psalm zuerst versucht werden, seinen Aufbau festzustellen. Dabei sollen die im alten Orient üblichen Stilfiguren (Parallelismus, Chiasmus usw.), Sprechsituationen (Wer redet zu wem, über wen?) und traditionellen Vorstellungs- und Motivkombinationen gebührende Beachtung finden.

Erst, wenn einzelne Wörter, Sätze oder Abschnitte *von daher* als störend empfunden werden, ist der Versuch legitim, sie als sekundäre Erweiterungen zu verstehen.

Seit W. M. L. de Wette (1780–1849), aber noch mehr seit H. Gunkel (1862–1932) ist es allgemein üblich geworden, die Psalmen nicht mehr aus bestimmten historischen Situationen im Leben Davids, Jeremias', Judas Makkabäus' oder anderer biblischer Gestalten zu verstehen, sondern als Exemplare einer bestimmten Gebets*gattung* (Hymnus, Klagelied des einzelnen, Danklied usw.). Das ist zweifellos ein Fortschritt. Aber man sollte keinem Pedantismus verfallen, der nun jedem Psalm auf jeden Fall eine der gängigen Etiketten verpassen will. Von unsern sieben Psalmen lassen sich Ps 103 und 104 problemlos als HYMNEN (Loblieder) bezeichnen. Ps 74 ist ebenso eindeutig eine Klage des Volkes oder, da dieses sich ja nicht darauf beschränkt zu klagen, eigentlich ein BITTGEBET DES VOLKES. Ps 23 wird normalerweise und mit Recht als VERTRAUENSLIED charakterisiert. Bei Ps 73 und Ps 139 wird es schwieriger. Der Duktus von Ps 73 ist ungewöhnlich bekenntnishaft und weist Elemente der Klage, des Vertrauens und des Dankes, aber auch – beim Danklied nicht selten – stark lehrhafte Züge auf. Jede der gängigen Etiketten wie Klage-, Vertrauens-, Dank- oder Weisheitslied greift zu kurz, vereinfacht den komplexen Psalm ungebührlich. Auch der originelle Aufbau von Ps 139 läßt sich mit den verschiedenen Elementen, die er verwendet, nicht unter einer der geläufigen Gattungsbezeichnungen subsumieren, und das gleiche gilt von Ps 130. Wir müssen uns damit abfinden, daß nebst den einfachen Vertretern der klassischen Gattungen auch originellere und persönlichere Texte Eingang in den Psalter gefunden haben.

Sind der formale Aufbau und der Zusammenhang der Vorstellungen einigermaßen geklärt, können die für die Gesamtaussage verwendeten *Traditionen* und die *Erfahrungen*, die sie benennen, weiter untersucht werden. Woher stammt das Material, mit dem gearbeitet wurde? Sind es einheimische Traditionen, oder stammen sie aus einer andern Kultur, aus Ägypten, aus Mesopotamien? Und bei den einheimischen stellt sich die Frage, ob sie kanaanäische Welt- und Lebenserfahrung und -auffassung oder spezifisch israelitische zum Ausdruck bringen. Allen Traditionen liegen bestimmte Lebenserfahrungen zugrunde. Nur dort, wo ähnliche Erfahrungen wieder und wieder gemacht werden, bleiben Traditionen lebendig. Dort, wo solche Erfahrungen ausbleiben, werden die Überlieferungen substanzlos und sterben ab.

Zwischen Erfahrungen und ihrer Formulierung findet ein subtiler Austausch statt. Frühere Formulierungen beeinflussen neue Erfahrungen. Aber sie können sie auf die Dauer nicht ersetzen. Aufgrund neuer Erfahrungen werden alte Formulierungen modifiziert – manchmal ganz unmerklich, manchmal massiv.

Sind wir den verschlungenen Wegen nachgegangen, wie Altes in einem neuen Text verarbeitet worden ist, und hat der Standpunkt eines bestimmten Psalms so Konturen gewonnen, ist der Moment gekommen zu sehen, ob die Wirklichkeit, die da beschrieben wird – mit Hilfe dieser Brille –, in unserem Leben, unter unseren Erfahrungen auch zu entdecken ist. Vielleicht gibt es sie nicht, vielleicht sind sie uns vertraut, vielleicht haben wir sie bisher nicht oder nur verschwommen wahrgenommen und sehen sie nun scharf – dann wäre der Psalm hilfreich gewesen, wie eine passende Brille.

1. Abend

Erträumen – erfahren

Psalm 23

Auslegung
Wachsende Intimität mit Aussicht auf Dauer

Aufbau

Spieckermann gibt der Disposition und dem Aufbau wenig Gewicht. Eine Beachtung der Struktursignale, z. B. der wechselnden Sprechsituation (er-mich; ich-du etc.), lasse keine dispositionellen Einschnitte und inhaltlichen Akzentuierungen erkennen (1989: 265). Die meisten neuesten Auslegungen (Stenger 1986; Zenger 1987; Smith 1988) sind da – m. E. zu Recht – ganz anderer Ansicht.

Die Beachtung der Sprechsituation legt folgende Gliederung nahe:

1b-3	Er, JHWH(a) – ich, mich (b)
4	ich (c) – Du (d)
5	Du (d′) – ich, mich (c′)
6	ich (b′) – Er (a′)

Den dispositionellen Einschnitten entsprechen durchaus inhaltliche Akzentuierungen. Die »Er – ich, mich«-Stücke (1b-3 und 6) reden bekennend vom Heilshandeln JHWHs. Die »Du – ich, mich«-Stücke (V. 4 und 5), die sich in direkter Anrede gebetsartig an JHWH wenden, sind inhaltlich durch Bedrohung charakterisiert (in V. 4 das finstere Tal, in V. 5 die Bedränger).

Die den einzelnen Elementen der Sprechsituationen beigefügten Buchstaben (a, b, c, d, d′, c′, b′, a′) suggerieren eine chiastische Konstruktion.

Der in Ps 23 durch den Wechsel der Sprechsituationen suggerierte Chiasmus wird durch eine Reihe von Elementen gefestigt. Dem betont an den Anfang gesetzten JHWH (a) entspricht das JHWH in *bjt JHWH* (a') ganz am Schluß. Dem »Lagern-lassen« an bekömmlichen Orten und dem »Führen« (a und b) entsprechen das »Verfolgt werden vom Glück und Freundlichkeit« und das »Wohnen im Hause JHWHs« (b' und a'). Auf eine bewußte Gestaltung in diesem Sinne scheint der Umstand hinzuweisen, daß das »Lagernlassen« nicht ganz logisch vor dem »Führen« und »Geleiten« kommt.

Die innersten und betontesten Glieder des Chiasmus reden vom furchtlosen Gehen im finstern Tal (4a), weil »DU mit mir bist« (4b). Und weil DU mir ebenso den Tisch trotz meiner Gegner bereitest (5a), schwelge ich im Glück (5b). Der Chiasmus ist nicht so klar und einsichtig wie der von Gen 9,6 (vgl. Einführung), aber doch deutlich genug, um klarzumachen, daß die Furchtlosigkeit und das Glück des Beters einem ganz bestimmten Handeln JHWHs entsprechen, das bekenntnishaft in 1b–3 und 6 entfaltet wird. Was aber sind das Handeln JHWHs und die Erfahrungen des Beters oder der Beterin, die diese trotz des klaren Wissens um Bedrohung und Gefährdung furchtlos und glücklich (verwöhnt) leben lassen?

Traditionen und Erfahrungen

Die ersten zwei Abschnitte (V. 1b–3 und 4) werden durch die Metapher von JHWH, dem Hirten, geprägt. Der Bedeutungsspender, der Hirte, war in Palästina bis in die neueste Zeit eine vertraute Größe, die auch in der Gegenwart noch ziemlich häufig anzutreffen ist. Aber nicht nur der Bedeutungsspender, sondern auch der Bedeutungsempfänger, JHWH als Hirte, ist für den Sprecher oder die Sprecherin eine ganz persönliche Erfahrung. JHWH wird als *»mein* Hirte« bezeichnet. Das ist singulär.

In altägyptischen Texten wird der Sonnengott als Hirte der ganzen Menschheit gefeiert. In der Lehre für Merikare, die gegen Ende des 3. Jt. entstanden sein dürfte, heißt es:

»Wohlversorgt sind die Menschen, das Kleinvieh Gottes,
Um ihretwillen hat er Himmel und Erde erschaffen«
(H. Brunner, Altägyptische Weisheit. Lehren für das Leben, Zürich/München 1988, 153).

In den Psalmen und im ganzen übrigen AT erscheint JHWH als Hirte des Volkes. Ein Hirte hütet ja auch eine Herde und nicht ein einzelnes Tier (Schaf oder Ziege). Rückblickend, interpretiert die Hirtenmetapher das Wirken JHWHs beim Auszug aus Ägypten (Ps 77,21; 78,52f.; 95,7). In Ps 77,21 hat er seine Hirtenfunktion auf Mose und Aaron übertragen (nach Mi 6,4 müßte auch Mirjam hier genannt sein!), in Ps 78,72 auf David. Im Anschluß an die Katastrophe von 587/86 dient die Hirtenmetapher dazu, JHWH an die Pflichten zu erinnern, die er gegenüber seinem Volk wahrzunehmen hat (Ps 44,12; 74,1; 79,13). Dieser Befund legt nahe, daß wir es bei der Hirtenmetapher in Ps 23 mit einer Individualisierung von Vorstellungen aus der Geschichte Israels zu tun haben, wie wir sie auch sonst im Psalter gelegentlich finden. Mit der Individualisierung geht häufig fast notwendig eine Spiritualisierung einher (vgl. z. B. die Landgabetraditionen und Ps 16,4; vgl. auch Ps 121,4f.).

Das Hirtesein JHWHs konkretisiert sich für das sprechende Ich in sieben Vorgängen. Dabei steht bald die Metapher (»auf grünen Weiden lagern lassen«, »Stab und Keule des Hirten als Werkzeuge der Ermutigung«), bald das mit Hilfe der Metapher Gedeutete (das, was von der Metapher her Bedeutung empfängt) im Vordergrund (»ich entbehre nichts«, »er erneuert meine Lebenskraft«).

»Ich leide nicht Entbehrung.« Der Satz hat keinerlei spezifische Bezüge zum Hirtenleben. Das Verb *hsr* drückt generell Mangel, Entbehrung, dynamisch Abnahme, Wenigerwerden aus. Seine Negation besagt, daß das Notwendige da ist und sein Vorhandensein auch für die Zukunft erwartet wird. Mehr nicht.

»Er läßt mich lagern auf Weiden mit (frischem) Grün.« »Lagern« und »Weiden« sind typische Ausdrücke der Hirtenwelt. Dabei scheint *naweh* eine archaische Konnotation zu haben, wie etwa unser »Trift«. So kann vom Zion als »heiliger Trift« oder »heiliger Stätte« die Rede sein (Ex 15,13; vgl. 2 Sam 15,25; Jer 25,30). Dann steht aber der Singular, während der Plural von Ps 23 für den Her-

denkontext typisch ist (Am 1,2; Zef 2,6 u. o.). Ich kann deshalb hier gegen Spieckermann (1989: 268) keine Anspielung auf den Zion sehen. Der Plural in Ps 83,13 meint das Land Israel, nicht den Zion. Jeder Hirte muß mehrere Weideplätze zur Verfügung haben. Diese Weideplätze liegen normalerweise in der Steppe (Ps 65,13; Jer 9,9; 23,10) mit geringen, zwischen 100 und 300 mm schwankenden Niederschlagsmengen. Ihre dürftige, kurzlebige Vegetation kontrastiert mit dem üppigen Grün des Karmel (Am 1,2). *deše'* meint im Gegensatz zu »Kraut« und »Baum« den bescheidensten Grünwuchs. Da die Steppe während drei Vierteln des Jahres dürr liegt, ist es schon viel, grüne Weideplätze und nicht nur dürres Gras zu finden, Glück im Rahmen einer kargen Welt.

»Zu Wassern an Rastplätzen (menuhot) leitet er mich.« Die Sache läßt sich ohne weiteres ins Hirtenleben integrieren. *me menuhot* meint nicht die ruhigen, stehenden im Gegensatz zu den fließenden Wassern, sondern Wasser, die mit Rastplätzen verbunden sind. Tränkestellen liegen naturgemäß oft in engen, durch Raubtiere gefährdeten Schluchten. Sie sind häufig umstrittene »Wasser des Streits« (*me meribah* Num 20,13–24; Ps 81,8; 106,32; vgl. Gen 21,25) und nicht *me menuhot.* Lagerplätze sind vor allem aufgrund von Sicherheitskriterien auszuwählen. In besonders glücklichen Fällen findet sich beides – wie hier – am gleichen Ort. Vielleicht ist in *menuhot* aber noch mehr als das enthalten. *menuhah* erscheint im AT sonst nicht im Kontext des Hirtenlebens, sondern in dem der Wüsten- (Num 10,33) und Ladewanderungen (Ps 132,8.14), die erst auf dem Zion endgültig zur Ruhe gekommen sind (Ps 95,11). Allerdings steht dann immer der Singular und nicht der dem Hirtenleben angemessenere Plural.

Die drei ersten Aussagen steigern sich vom schlichten »Keinen-Mangel-Leiden« zu den angenehmen »Wassern bei den Rastplätzen«.

»Er erneuert meine Lebenskraft« (zur Übersetzung vgl. Mittmann 1980: 5–7). Im Gegensatz zu den beiden vorausgehenden Aussagen haben wir es hier, wie bei der ersten, wieder mit einer sehr allgemeinen zu tun, die – vom Kontext abgesehen – nichts mit dem Hirtenleben zu tun hat. Was immer wieder neu zurückgebracht wird, ist der Lebenswille, die Lebenslust (*nefeš*). Das kann sich ebensogut

direkt auf die sprechende Person beziehen wie auf ihr metaphorisches Dasein als vom Hirten erquicktes Tier. Das gleiche gilt von der folgenden Aussage.

»Er führt mich auf heilvollen Wegen um seines Namens willen.« Die »Wege des *sedeq*«, auf denen Gott die sprechende Person führt, werden bald als Wege der menschlichen Rechtschaffenheit, bald als Wege gottgeschenkten Heils interpretiert. Die Alternative trennt, was im Begriff verbunden ist. Es sind rechte Wege, Wege, die zum Ziel führen und die der oder die Geführte beschreiten muß, wenn sie ihre Wirkung tun und Heil bewirken sollen. Gnade und Leistung sollten da nicht aufgrund sachfremder dogmatischer Vorverständnisse auseinandergerissen werden. Der Akzent liegt aber auf dem Tun Gottes, der sich im Wohlergehen seiner Herde bzw. des Einzeltiers manifestiert und so seine Heilsgegenwart und seinen guten Ruf in der Welt begründet (vgl. Ez 36,20–23). Diese letzte Aussage macht das Geführtwerden vom schwachen menschlichen Willen unabhängig.

Das »Führen (auf rechten und heilvollen Wegen)« erinnert natürlich an die im vorhergehenden beschriebenen Hirtentätigkeiten. Es ist aber auch ein typisches Exodusthema (Ex 13,17; Ps 77,21; 78,14.53), wobei dieses Führen erst auf dem Zion sein Ziel findet (Ex 15,13).

Das Führen auf rechten Wegen bildet die Klammer zwischen dem Vorausgehenden (Weide, Tränke) und dem, was folgt.

»Auch wenn ich durch die finstere Schlucht gehe, fürchte ich kein Unheil, denn Du bist mit mir.« In V. 1b–3 war vom normalen Umherziehen die Rede. Jetzt wird kontrastierend eine Steigerung eingeführt. Die Rede wechselt vom distanzierten Er zum direkten Du. Das Hebräische drückt nicht klar aus, ob es sich bei der ins Auge gefaßten Steigerung um eine schon erlebte oder eine nur mögliche Situation handelt. Auch die finstere Schlucht bleibt bei allem emotionalen Gehalt ein eigenartig offener Begriff. Es kann eine durch plötzliche Sturzbäche, Räuber und Raubtiere gefährdete Schlucht der Wüste Juda sein. Man kann mit Jer 2,6 aber auch an den Auszug aus Ägypten denken, als JHWH Israel durch »das Land der Wüste und Fallgrube, das Land der Dürre und Finsternis« führte. Vor allem aber verbindet der hebräische Mensch Fin-

sternis (*salmawet*) mit dem Bereich des Todes, wie das z. B. sehr deutlich die Bitte Ijobs zeigt, der sagt: *»Laß ab von mir, damit ich noch etwas froh bin, bevor ich dahingehe, ohne wiederzukehren, ins Land des Dunkels und der Finsternis (salmawet)«* (Ijob 10,20f.). Auch vor dieser letzten und tiefsten Bedrohung schreckt der Beter nicht zurück, weil er weiß, daß JHWH ihn auch da nicht verläßt. »Hier hat sich Psalmtheologie in der Spätzeit über ihren angestammten Bereich hinausgewagt, um den Jahwegläubigen auch in der Welt des Todes nicht ohne Hoffnung zu lassen. In Ps 23,4 hat sie diesen Schritt sehr vorsichtig getan, so daß sie ihre von alters her überlieferten Voraussetzungen dabei nicht verlassen hat« (Spieckermann 1989: 271).

»Deine Keule (šebet) und dein Stab (miš'enet), sie machen mir Mut.« Nachdem der vorhergehende Satz in sehr offener Weise tiefste Bedrohung und letzte Bewahrung angesprochen hat, kehren wir hier dezidiert zur handfesten Hirtenmetapher zurück. Power (1928) hat viel Material zu diesen beiden Ausstattungsstücken des palästinischen Hirten gesammelt. Die beiden Geräte sind schon auf einem Rollsiegel vom Anfang des 3. Jt. zu sehen (Keel 1984: Abb. 313). Siehe Abbildungen 1 und 2. Die Schlagkraft des verbreiterten Endes der kurzen Keule aus hartem Holz war häufig durch Nägel verstärkt. Sie diente zur Bekämpfung menschlicher und tierischer Feinde (Ps 2,9; 2 Sam 23,21). Mit dem längeren Hirtenstab lenkte der Hirte die Herde und machte sich den Weg durchs Gebüsch frei. Auf ihn stützte er sich beim Stehen. Die beiden Geräte machen der sprechenden Person Mut, weil sie im Vertrauen auf die Lenkungskraft des göttlichen Hirten sich nicht ängstlich um den rechten Weg kümmern und im Vertrauen auf seine Schutzmacht kein plötzliches Verderben fürchten muß.

1b–4 oszillieren zwischen der Hirtenwelt als Bedeutungsspender (Hirte, Weide, Keule, Stab usw.) und der Realität des Bedeutungsempfängers (kein Mangel, keine Angst, immer neue Erquickung), die von der Hirtenmetapher her Deutung empfängt. Das Oszillieren zwischen der Metapher und dem, was sie vergegenwärtigt, die Transparenz des einen auf das andere, gibt dem Abschnitt seine Plausibilität. Dabei ist diese alles andere als selbstverständlich. Kann denn die einzelne Person, die hier spricht, überhaupt An-

Abbildung 1

Abbildung 2

spruch auf solcherlei Führung erheben? Ist diese nicht, wenn überhaupt (vgl. die Klage über das Versagen des göttlichen Hirten in Ps 44,12f. und ähnlichen Texten), dem Volk bzw. der Gemeinde zugesagt? Es verrät ein gutes Maß an Selbstbewußtsein, wenn die sprechende Person das, was die Tradition von Volk und Gemeinde aussagt, für sich ganz persönlich in Anspruch nimmt.

In V. 5 wechselt die Metapher, und damit ist einmal mehr eine Steigerung verbunden. JHWH erscheint nicht mehr als Hirte, sondern als Gastgeber und, was wichtiger ist, das betende Subjekt nicht mehr als geleitetes Tier, sondern als geehrter Gast. Dieser Sprung von einer breit ausgeführten Metapher zu einer andern hat viele Exegeten beunruhigt, obwohl solcher Wechsel der Poesie der Psalmen (und wohl jeder Poesie) ganz geläufig ist (vgl. z. B. Ps 22, wo das Subjekt bald als von Menschen zertretener Wurm, bald als Beute eines brüllenden Löwen erscheint u. ä.). Der Sprung von der einen Metapher zur andern ist auch auf der Ebene der Volksgeschichte zu finden, zu deren Deutung die Hirten-Metapher zuerst verwendet wurde. Freedman (1976) hat darauf hingewiesen, daß etwa in Ps 78 JHWH nicht nur als Hirte seines Volkes amtet (V. 52f.), sondern ihm in der Wüste auch den Tisch deckt (V. 19f.), seine Feinde zurückschlägt, diese zuschanden werden läßt (V. 66), auf dem Zion sein Heiligtum baut (V. 68f.) und David als seinen Hirten-Stellvertreter erwählt (V. 70-72). Der Versuch, durch irgendeine Manipulation auch V. 5 der Hirtenmetaphorik zuzuordnen (vgl. z. B. Power 1928: 439–442), macht den Ps nur um eine der für ihn so typischen Steigerungen ärmer. Hat das betende Subjekt bisher nur den Rücken des vorausgehenden Hirten-Gottes gesehen (vgl. Ex 32,23) oder nur die Stimme dessen, der folgt, gehört, so tritt ihm der Gastgeber-Gott nun gleichsam von Angesicht zu Angesicht gegenüber (Num 12,8; vgl. Ex 24,11).

»Du deckst vor mir den Tisch meinen Feinden zum Trotz!« Das betende Ich vetraut nicht nur angesichts schwerer Bedrohung auf seinen Hirten-Gott (V. 4), der Gastgeber-Gott erweist ihm entsprechend trotz und angesichts der aggressiven Widrigkeiten der Welt die Ehre.

»Du salbst mein Haupt mit Öl, mein Becher ist randvoll.« Und was der Gastgeber-Gott dem betenden Subjekt offeriert, ist nicht nur die nackte Subsistenz, die er ihm in der Wüste gewährte (Ps 78,19f.), sondern ein Festmahl mit dem Luxus altorientalischer Gastmähler, wie er dem verwöhnten Kohelet vertraut ist (Pred 9,7f.).

Von diesem festlichen Hintergrund, von diesem Höhepunkt hebt die sprechende Person zu einer letzten Steigerung ab.

»Ja, Glück und liebende Verbundenheit (hesed)
verfolgen mich mein ganzes Leben,
und mein Wohnen im Hause JHWHs ist für immerdar.«

Es soll nicht beim einmaligen »Ehre antun« bleiben, das dann schnell zu einer zwar schönen, aber immer blasser werdenden Erinnerung wird, sondern das Glück, das ihm der Gastgeber-Gott bereitet, und die liebende Verbundenheit, die er ihm beweist, heften sich geradezu an seine Fersen sein ganzes Leben lang. Nicht als Gast im Hause JHWHs, sondern als BewohnerIn auf unbeschränkte Zeit (über den Tod hinaus?) sieht er/sie sich. Ein zweites

Mal (vgl. V. 4) gelangen wir hier an die Grenze des Todes. Ein zweites Mal wird hier eine Perspektive eröffnet, die diese Grenze implizit negiert.

Zusammenfassende Würdigung

Wenn der Tempelbesuch auch Anlaß für die hier ausgesprochene Perspektive ist, so ist er doch nicht das Eigentliche, das Reale (Spieckermann 1989: 264f.). Die Grunderfahrung und das Eigentliche ist die im Zentrum des Psalms (vgl. *Aufbau*) ausgesprochene Erfahrung *»Du bist mit mir!«* Auch Zengers Postulat, der »Gott-König« sei die dem ganzen Ps zugrundeliegende Wurzelmetapher (1987: 232), scheint mir diesen Kern eher zu verdecken als zu beleuchten. Wir haben es hier weder mit einem Zionspsalm noch mit einem Psalm zum Königtum JHWHs zu tun, sondern mit einem Vertrauenslied.

Das »Mitsein Gottes« wird im Laufe des Psalms zu einem »Sein mit Gott« gesteigert. Diese Steigerung wird durch eine Reihe von Metaphern evoziert. Sie reichen vom eher distanziert leitenden Hirten (Bekenntnis) über das dramatische Geleit durch die Schlucht der Finsternis (Gebet), die überraschende Verwandlung in Gast und Gastgeber (Gebet) bis zur Perspektive, immer im Hause JHWHs zu wohnen (Bekenntnis).

Die grundlegende Erfahrung dürfte die sein, daß es immer wieder irgendwie weitergeht, daß uns immer wieder einmal ein Glück zuteil wird. Als »institutioneller« Hintergrund können die meditative Aneignung der Überlieferungen Israels (Wüstenwanderung) und die Erfahrungen des Tempelbesuchs vermutet werden. Der Psalm setzt die reflektierte und belehrende Umsetzung der Volkstraditionen voraus, wie sie z. B. Ps 78 bietet, der die Wüstenwanderung bis zum Zion und bis zu David als Hirten weiterführt. Er ist so als nachexilisch zu datieren.

Ps 23 ist einer der bekanntesten Psalmen. Er ist oft nachgedichtet und als Kirchenlied vertont worden. Unter all den positiven Äußerungen zu diesem Psalm ist vielleicht die von Immanuel Kant die gewichtigste: »Alle Bücher, die ich gelesen habe, haben mir diesen

Trost nicht gegeben, den mir dies Wort der Bibel gab.« Allerdings können die Bilder dieses Psalms nicht nur tröstend und heilend wirken, sondern, wie Ingeborg Drewitz zu bedenken gibt, auch ein Denken begünstigen, »das uns heute in seiner Demut fast unerträglich ist, weil es die Verantwortung und die Frage danach ausläßt, ein ganzes Zeitalter des Denkens und der Erfahrungen ausspart ... Vielleicht hat er zuviel Gefügigkeit provoziert – unsere jüngste Geschichte ist voll davon« (beide Zitate nach Zenger 1987: 225f.).

Die oben vorgeschlagene Lesung entwirft allerdings und m. E. zu Recht ein anderes Bild des betenden Subjekts als das eines Schafs, das bedingungslos seinem Führer folgt. Schon mit dem axiomatischen Anfang »JHWH ist *mein* Hirt« setzt es sich von der Tradition ab, die von JHWH als dem Hirten *Israels* redet. Das betende Subjekt gehört – modern gesprochen – nicht zur Gemeinde, sondern ist Gemeinde. Damit grenzt es sich nicht aus, aber es ist auch nicht bloß Teil des Kollektivs. Die Gewißheit des Mitseins, der liebenden Verbundenheit Gottes mit IHM, gibt ihm jene Sicherheit und Freiheit, die sich vor keiner Anklage und Bedrängnis fürchtet und weder vor Tod und Teufel noch vor Engeln und Mächten zurückschreckt, weil sie der felsenfesten Überzeugung ist, daß nichts sie von der Liebe Gottes zu trennen vermag (vgl. Röm 8,31–39).

Vortragsanregungen

1. Auf DICH verlasse ich mich

Die Bildersprache von Ps 23 geht uns wohltuend ein. Wir erinnern uns gern. Das hervorragende Bild ist dabei das Bild des Hirten, der seine Herde weidet. Womöglich assoziieren wir aber die Vorstellung von einer autoritären Führergestalt oder ihrer Perversion, bei der ein ganzes Volk dem Führer Heil zu wünschen hatte, er aber die »Herde« vernachlässigte.

Sieben Aussagen charakterisieren den Hirten, wie er uns in Ps 23 vor Augen gestellt wird. Er weidet und erquickt, führt und tröstet, wenn es nötig ist; bereitet einen Tisch, an dem es keinen Mangel gibt; erfrischt den Gast und schenkt ihm voll ein. Das kann nur der *gute Hirte* sein, dessen Bild im Gleichnis Jesu (Joh 10) noch um einige Züge bereichert wird (diese aufsuchen!). Es ist der, der sogar, obwohl er neunundneunzig Schafe hat, dennoch dem einen verlorenen nachgeht. Deshalb ist er *mein* ganz persönlicher Hirte, so daß hier im Psalm die übrige Herde ganz zurücktritt. *»Wieviel mehr ist nun ein Mensch als ein Schaf!«* (Mt 12,12)

2. Mit DIR will ich gehen

Die Bildersprache von Ps 23 beschreibt geradezu einen Weg (den man übrigens auch spielerisch, regelrecht mimisch gehen kann). Wir gewinnen den Eindruck der Abfolge von drei Bildern: von der Wüste zur saftigen Weide, durchs dunkle Tal wieder auf die rechte Straße und schließlich – hier verlassen wir das Bild vom Hirten und seiner Herde – von der Wanderschaft ans Ziel, nach Hause oder in einen Festsaal, wo alle – auch die Gegner – an einem Tisch sitzen. Die Vollendung der Bilderfolge und eben auch des Lebensweges leuchtet schon im letzten Bild auf; denn ich darf an einem Festmahl teilhaben. Zum Zeichen der Gastfreundschaft wird mein Haupthaar mit duftendem Balsam verwöhnt, und ich werde mit einem Salbebällchen voll von duftendem Aroma gesalbt. Schmutz, Staub und Schweiß langer mühsamer Wanderung sind vergessen. Und schließlich bin ich nicht nur Gast, sondern zu Hause (V. 6). Der Weg, das ist das Leben. Das Ziel – das heißt: zu Hause sein. So hat es auch die Tiefenpsychologie entdeckt. Auf diesem Weg – so wollen uns die Bilder von Ps 23 sagen – kann ich zuversichtlich voranschreiten, wenn Gott für uns ist. Wer kann dann gegen uns sein (Röm 8,31–39)? Am Ende nicht einmal die Feinde (V. 5)!

3. Bei DIR will ich bleiben

Die Bildersprache von Ps 23 hat ihr Ziel in der Zuversicht: *»Ich werde für immer im Hause des Herrn bleiben«* (V. 6). Auch dieser Satz will in die Weite und Aufnahmefähigkeit der übrigen Bilder hineingenommen sein. Wenn ich entdecke, wie Gottes Segen mich in guten wie in bösen Tagen geradezu »verfolgt«, dann kann ich mich neu entschließen: Ich will bei Gott bleiben. Noch lange nicht am Ende, mitten auf dem Wege, weiß ich doch: Er ist bei mir. Genauso bittet Jesus eindringlich in einer anderen Bildrede – der vom Weinstock und den Reben: »Bleibt in mir, ich bleibe ja auch in euch« (Joh 15,4).

Bilder erinnern uns und bestärken uns zu bleiben. Eine bildhafte Sprache wie die von Ps 23 oder Joh 15 geht uns leicht ein. Wir merken sie uns. Sie prägt sich uns ein wie ein Bild, das vor uns an der Wand hängt und das wir immer wieder anschauen. Es wird nicht langweilig. Ich wechsle doch nicht die Bilder meiner Wohnung jeden Tag, weil ich sie schon kenne! Bilder können eine kräftige Wirkung auf mich haben. Eine apokalyptische Darstellung erschreckt mich. Ein anderes Bild wiederum ärgert mich. Die Bilder von Ps 23 haben eine heilende Kraft. Liegt es daran, daß *ich* in ihnen vorkomme? Sie nehmen ja meine Befindlichkeit, meinen Lebensweg mit auf. Sie geben die Zuversicht auf die Vollendung.

Der Königsberger Philosoph Immanuel Kant hat über Ps 23 geschrieben: »Ich habe in meinem Leben viele kluge und gute Bücher gelesen. Aber ich habe in ihnen allen nicht gefunden, was mein Herz so still und froh gemacht hätte, wie die vier Worte aus dem 23. Psalm: Du bist bei mir!« Wenn uns solches neu ermutigt, zu sagen: Bei DIR, Herr, will ich bleiben, dann ist alles gewonnen. So beten wir im Dankgebet einer Abendmahlsliturgie: »Du bist der Herr unserer Vergangenheit, unserer Gegenwart und unserer Zukunft. Weil wir das wissen, sind wir getrost in allem, was auf uns zukommen mag. Mache uns fest in der freudigen Hoffnung auf deinen Tag, und laß uns einst Gäste sein am Tisch der Gnade in deinem Reich« (Abendmahlsordnung der Ev.-methodistischen Kirche, A u. B).

Gesprächsanregungen

Einstiegsmöglichkeiten

Die Gruppe wird gebeten, Worte (Substantive), die sie besonders ansprechen, zu unterstreichen. Gemeint sind dabei Worte, bei denen der Leser vor dem inneren Auge positive Bilder aufsteigen sieht. Hirte, grüne Aue, frisches Wasser, rechte Straße, Stecken und Stab, der gedeckte Tisch, Gutes, Barmherzigkeit, Haus – das wären solche Bildworte. Über die *Bilder* wird gesprochen, ohne zunächst über die Deutung nachzudenken: Wo erleben wir Entsprechendes, wo fehlt uns die Anschauung?

Inhaltliche Erarbeitung

Die Gruppe wird gebeten, zu den Bildworten die jeweiligen Verben und handelnden Personen hinzuzufügen: *Der Herr ist* mein Hirte, *er führet mich* zu frischem Wasser und auf rechter Straße; *Du bereitest* einen Tisch und *salbest* mein Haupt.

Alles hat mit der Gottesbeziehung zu tun: die Frage nach dem rechten Weg, die Frage nach dem gedeckten Tisch usw.

Impulse zum Gespräch:

- Was ist die spezifische Botschaft dieses Psalms?
- Was sagt uns der Psalm mit seinen Bildern? Welche Erfahrungen mit Gott kommen darin zum Ausdruck?
- Wir vergleichen die Aussagen des Psalms mit den Bildern, die in uns aufsteigen. (Wie verhält sich beides zueinander?)

Die Gruppe wird aufgefordert, Worte und Bilder zu suchen, die eher negative Gefühle erwecken: das finstere Tal, das Unglück und die Feinde. Impulse zum Gespräch darüber:

- Wo haben wir ähnliche Erfahrungen?
- Was bedeuten solche Erfahrungen für unsere Beziehung zu Gott?
- Welche Lebenshilfe wird uns vermittelt?

Thematische Weiterführung

Vers 6 wird als persönliche Summe des Psalmisten gedeutet. Darauf kann sich ein Gespräch über das Bleiben im Hause des Herrn ergeben (Stichworte dazu: Haus des Herrn als Zufluchts-, ja Asylort, als Kirche und Gemeinde, als Haus des Lebens).

Gedanken zu Alternativentwürfen

1. Wer könnte den Psalm gebetet haben? Gruppe oder Untergruppen sprechen darüber. Der Leiter nennt Möglichkeiten, die Gruppe erfindet dazu eine Hintergrundgeschichte (beides kann die Gruppe natürlich auch allein tun). Der Beter könnte sein: ein Gefangener oder ein politisch Verfolgter, ein von persönlichem Leid Getroffener, ein Kranker usw.

Auf der Grundlage der erfundenen Hintergrundgeschichte spricht die Gruppe darüber, welche »therapeutischen« Hinweise oder anderen Lösungsmöglichkeiten dann der Psalm für seinen jeweiligen Beter enthält.

2. Jedes Gruppenmitglied bekommt die Aufgabe, den Psalm in einem für ihn wichtigen Satz zusammenzufassen. Der Satz kann auch ein Zitat aus dem Psalm sein. Die Gruppe spricht darüber, wie jeder zu seinem Satz gekommen ist. Welcher der Sätze ist heute politisch wichtig? Welcher Satz gibt für die persönliche Lebensgestaltung den wichtigsten Hinweis? Welche Aussage bezieht sich auf unsere sozialen Probleme?

3. Der Leiter zeigt Lichtbilder. Die Gruppe ordnet aus dem Gedächtnis den Bildern Aussagen des Psalms zu. Beispiele: Hirtenbild, einen Wasserfall im Gebirge, einen Wegweiser, einen gedeckten Tisch oder ein wohnliches Haus. Die Gruppe kommt durch den Vergleich der Bilder mit den eigenen Wünschen und Träumen sowie mit den Aussagen des Psalms ins Gespräch.

Aus der Praxis

Am Anfang der Berliner Bibelwoche zu Psalmtexten (s. Vorwort) standen eine Abendandacht am Eröffnungsabend und eine Morgenandacht zu Psalm 73. Für beide Andachten wurde die Form der Erzählung gewählt, was bei den Teilnehmern großen Anklang fand. In der Erzählung zu Psalm 23 ging es um einen erdachten Menschen aus Israel, dem das Bild des Hirten mit seiner großen Liebe und Fürsorge zur Herde und dann – nach einer Wallfahrt zum Tempel in Jerusalem – die Gastfreundschaft bei einem Gemeinschaftsmahl zum Gleichnis für Gottes Freundlichkeit und Bewahrung wurde.

In der Andacht zum Psalm 73 wurde die diesem Psalm zugrundeliegende Geschichte in eine Erzählung umgesetzt. Der Psalm gibt zwar keine theoretische Antwort auf die Fragen nach dem Sinn unseres Leides, wohl aber eine praktische Hilfe zu dessen Bewältigung.

Vergleichstexte

Improvisation über Psalm 23

Nicht irgendein Sterblicher, der aus der Welt verschwindet, nicht irgendein Mensch, der seine Haltung wie ein Chamäleon verändert, sondern Du, der ewige Herr der Liebe,
Du bist mein Hirte.

Du bist kein Diktator, der die Menschen unterdrückt und ihnen keine Freiheiten läßt.

Du bist kein göttlicher Händler, der Reichtum gegen Tugend austauscht. Du bist der gute Hirte, der den Schafen Leben gibt durch die Hingabe des eigenen Lebens.

Einige sagen: Der Herr ist nicht mein Hirte. Einige sagen: Mir fehlt es an allem. Aber die Dich kennen, sagen: Der Herr ist mein Hirte, mir fehlt nichts.

Nicht ich, sondern Du weißt, wo die grünen Weiden des Friedens sind. Dort läßt Du mich lagern. Nicht ich, sondern Du weißt, wo die Wasser der Freude fließen. Dahin führst Du mich.

Der Reichtum der ganzen Welt kann meine Seele nicht erneuern. Die Weisheit der ganzen Welt kann meine Seele nicht erneuern. Aber Deine Gnade erfrischt und erneuert meine Seele.

Du zogst mich vom Pfad der Ungerechtigkeit. Du führst mich auf den Pfad der Gerechtigkeit. Dadurch wird Deine Gerechtigkeit allen bekannt.

Ich fürchte mich nicht vor der Grausamkeit des Todes. Ich fürchte mich nicht vor der Macht des Bösen. Denn Du, der allmächtige Gott, bist bei mir.

Du weißt, was in der Zukunft liegt und was für mich jetzt gut ist. Und ich weiß, daß Du mich liebst, obwohl ich bin, wie ich bin. Dies beides tröstet mich.

Du lädst mich zu dem großen Feste ein, obwohl ich dessen nicht würdig bin. Du ehrst mich vor meinen Feinden. Daher ist meine Angst vor ihnen gewichen.

Güte folgt mir alle Tage meines Lebens. Darum habe ich Frieden. Gnade folgt mir alle Tage meines Lebens. Darum habe ich Heil. Herr, ich danke Dir für Deine Güte und Gnade, die ich erhalten habe.

Du hast mich eingeladen, für immer in Deinem Hause zu bleiben. Und Du führst mich dorthin. Ich werde in der Gesellschaft von Sündern sein, die in Heilige verwandelt wurden. Diese Einladung gibt mir einen Vorgeschmack unverfälschter Freude.

Lieber Herr, ich danke Dir für den Dichter, der den 23. Psalm geschrieben hat. Ich danke Dir für die Dichter, die solche Lieder geschrieben haben, die unseren Glauben stärken. Erwecke unter uns viele solcher Menschen. Amen.

Johnson Gnanabaranam (Indien)

Umschließe, o Herr, mit Deiner liebenden Freundlichkeit alle, die sich abgelehnt, unerwünscht oder allein fühlen. Höre unser Gebet für Gefangene und alle, die in Rechtsprozesse verwickelt sind; für die, die in einer eigenen Welt der Einsamkeit eingeschlossen sind aus geistiger oder körperlicher Unfähigkeit, wegen Alter, Gram oder Krankheit oder weil die Gesellschaft sie links liegen ließ. Sei ihnen nahe und tröste sie, wo sie auch sein mögen, und bewege unsre Herzen und die Herzen unseres ganzen Volkes, daß wir stärker um das Leiden anderer Sorge tragen. Amen.

Timothy Dudley-Smith (England), Übersetzung: G. Klätte

Herr, unsere Tage laufen uns schnell davon. Dinge, die wir tun wollten, sind noch immer ungetan, und manchmal spüren wir, daß es mit unsrer Nützlichkeit zu Ende ist, wenn das Lebensfeuer in uns stirbt. Aber dank Deiner Barmherzigkeit muß es nicht so sein. Es können uns immer noch reich erfüllte Jahre bevorstehen, wenn wir unserem Geist erlauben, sich auszustrecken, und unseren Händen, Aufgaben im Bereich ihrer Kräfte zu übernehmen. Herr, wir überlassen Dir unser »morgen«. Öffne uns ein neues Fenster, und gib uns frische Sicht auf das Leben. Öffne uns eine neue Tür, gib uns Kraft, hindurchzugehen, damit günstige Gelegenheiten uns herausfordern können. Herr, wir sollten unsere Jahre nicht nach Tagen zählen, sondern nach der Zahl unserer Freunde. Mach uns dankbar für all Deine Güte. Amen.

Stanley Pritchard (England), Übersetzung: G. Klätte

Alles hat einmal ein Ende. Auch diese entsetzliche Nacht ging vorüber, der Tag brach an, und bei seinem hellen Licht sank das Feuer zusammen und legte sich, fraß müde die Reste. Der Morgen war warm und feucht, beißender Rauch, der nicht aufsteigen wollte, hüllte die Siedlung ein und wich nicht von ihr. Am Ufer und auf dem Eis qualmten verkohlte Holzstücke, der aufgeweichte schlammige Hof, auf zwei Seiten scharf begrenzt vom breiten, rauchenden Streifen der Brandstätte, lag als etwas grauenhaft Endgültiges und Hoffnungsloses da. Auch das verschonte grüne Lädchen beruhigte keineswegs, sondern machte den Kummer, Schmerz und Brandgeruch durch den Kontrast nur noch schlimmer . . .

Als Iwan Petrowitsch von der Brandstätte zurückkam, legte er sich nicht hin. Der Ofen war schon angeheizt, Aljona würde selbst bei einem Bombenangriff nicht vergessen, das Haus zu versorgen, es kam auch sofort etwas auf den Tisch. Nachdem Aljona aufgedeckt hatte, brach sie in bitteres Schluchzen aus und sank aufs Bett. Iwan Petrowitsch saß eine ganze Weile, ohne das Essen anzurühren, dann zog er sich andere Schuhe an, beobachtete aus dem Fenster, wie der Rauch vom Ufer abzog, und ging hinaus. Er ging zu Afonja, um dort zu sein, ehe der eingeschlafen war. Aber auch Afonja dachte nicht daran, sich hinzulegen. Seine Tochter säuberte ihm zwei tiefe, blutverkrustete Wunden auf der Stirn und am Kinn und bestrich sie mit etwas. Als sie die Hände von ihm nahm, schlürfte er aus einem großen Blechbecher Tee.

Iwan Petrowitsch fragte: »Was sollen wir machen, Afonja? Weißt du, was wir jetzt machen sollen?«

»Leben werden wir«, sagte Afonja stirnrunzelnd, sei es, weil man an seine Wunden, sei es, weil man an seine Seele gerührt hatte. »Eine schwierige Sache ist das, Iwan Petrowitsch, auf der Welt zu leben – und trotzdem … trotzdem gilt's zu leben.« Er trank noch einmal und fragte seinerseits: »Und was hast du beschlossen?« »Wir werden leben«, antwortete Iwan Petrowitsch mit den gleichen Worten, nur in anderer Reihenfolge …

Still, ganz still war es ringsum. – Der Rauch von der Siedlung reichte nicht bis hierher, im morgenhellen gedämpften Licht war weite und klare Sicht. Der Frühling hatte auch diesen Landstrich gefunden – und die Erde erwachte.

V. Rasputin

Dieser Abschnitt aus Rasputins Erzählung »Der Brand« ist ein Vergleichstext für das Bekenntnis der Zuversicht in Psalm 23, aber auch in Psalm 73. Das TROTZDEM im vorletzten Abschnitt regt zum Vergleich mit dem DENNOCH des Glaubens an.

2. *Abend*
Verzweifeln – vertrauen
Psalm 73

Auslegung
Eine Krise und ihre Überwindung

Text

Der Text von Ps 73 ist auf weite Strecken sehr schwierig. Ich halte mich, von V. 10 abgesehen, im großen ganzen an die sorgfältig begründeten Lösungen Irsiglers (1984).

Aufbau

Die beherrschenden Sprechsituationen in Ps 23 brachten nur zwei Größen ins Spiel: Gott und das sprechende Ich. In Ps 73 sind es drei. Ps 73 ist eine »Dreiecksgeschichte«.

V. 1	Er (Gott) – sie (Rechtschaffene)
V. 2–3	Ich – sie (die Skrupellosen)
V. 4–12	Sie (die Skrupellosen) – Er (Gott, V. 11)
V. 13–17	Ich – sie (die Skrupellosen, V. 15 und 17) bzw. Du (Gott, V. 15)
V. 18–20	Du (Gott) – sie (die Skrupellosen)
V. 21–26	Ich – Du (Gott), Du – mich
V. 27	Du (Gott) – sie (die Skrupellosen)
V. 28	Ich – Ihn bzw. Dich (Gott).

Diese dürre Liste reflektiert deutlich ein persönliches Drama, ein persönliches Ringen um die Frage, ob Gott zu denen, die von lauterer Gesinnung sind, wirklich gut ist bzw. worin dieses Gutsein

Gottes besteht. Das Stichwort *tob* »gut« steht in V. 1 und 28 und bildet die Klammer (Inclusio), die den Psalm zusammenhält. In V. 1 ist vom Gutsein Gottes sehr abstrakt und undifferenziert, wie in einem Katechismussatz, die Rede, in V. 28 ist aus der theologischen Behauptung ein präzises persönliches Bekenntnis geworden.

Zwischen diesen beiden Polen erzählt ein Ich, wie es zu diesem Bekenntnis gekommen ist. Dieses Ich tritt dreimal in den Vordergrund. In den V. 2–3 erzählt es kurz von der Faszination, die die Skrupellosen auf es ausgeübt haben, in den V. 13–17 von dem schmerzlichen Dilemma, zwischen den Skrupellosen bzw. ihrem Lebensstil und der Bindung an Gott wählen zu müssen, und in den V. 21–26 von seinem neuen Glück mit Gott. Das Ich erzählt also von einer schweren Krise, die es durchlitten und am Schluß glücklich überstanden hat.

Der Kern der Krise wird am deutlichsten im Zentrum des ganzen Psalms (vorher und nachher je 14 Zeilen) angesprochen, im mittleren der drei Teile der Ich-Darstellung und hier wieder im mittleren der fünf Verse, in V. 15. Hier werden die Möglichkeit der Entscheidung und ihre Konsequenzen klar ins Auge gefaßt. Wenn das Ich der Faszination (V. 2–3) nachgäbe und wie die in den V. 4–12 geschilderten Skrupellosen »rechnete«, würde es sich von JHWH trennen, das Schicksal der Skrupellosen erleiden (V. 18–20) und der Gottverbundenheit verlustig gehen, wie sie im letzten und längsten Teil der Ich-Erzählung dargestellt wird (V. 21–26). Die Möglichkeit, wie die Skrupellosen zu sprechen, und das gleichzeitige Unvermögen, sich von Gott zu trennen, werden als Qual empfunden (V. 16).

Das Kontrastprogramm zur glücklich überwundenen Krise des Beters bildet die Beziehung zwischen Gott und den Skrupellosen. Wie die Skrupellosen sich von Gott trennen (V. 4–12), so trennt sich Gott von ihnen (V. 18–20).

Man kann die beiden Hälften des Psalms auch als zwei Seiten einer Tafel sehen, wobei die V. 15–16 die Achse bilden, der entlang die Tafel gedreht werden kann.

Die erste Seite zeigt das sprechende Ich, das den *šalom* (V. 3) der Skrupellosen beneidet (V. 2–3), die stolz und gewalttätig sich nicht um Gott kümmern, und ewig Glückliche, *šalwe ʿolam* (V. 12), sind. Das *šalwe ʿolam* klingt wie eine Steigerung von *šalom*. Das sprechende Ich hingegen erlebt bei allen Bemühungen um Schuldlosigkeit nur Elend (V. 13–14). Die erste Seite schließt mit einem durch die Partikel *'ak* unterstrichenen Kontrast zur Behauptung in V. 1. Wenn es dort hieß: *»Ja, gut ist Gott ... zu denen, die lauteren Herzens sind«*, so heißt es jetzt: *»Ja, umsonst habe ich mein Herz rein gehalten«*.

Die Kehrseite setzt wie die Vorderseite mit einer Beobachtung des Ichs ein. *Sah es* in V. 3 den *šalom* der Skrupellosen, *achtet es* jetzt auf ihr *»Ende«* (V. 17). Ihr Glück erweist sich als flüchtig wie ein Traum (V. 18–20). Das Ich aber weiß sich über das *Ende* hinaus von Gott gehalten und getragen (V. 21–26).

In den V. 27–28 wird das Fazit gezogen. V. 27 verweist mit seinem *»Denn siehe ... «* auf das *»Siehe, das sind die Skrupellosen ...«* in V. 12 zurück. V. 28 aber mit seinem *»Ich aber ... «* auf die *»Ich aber ...«* in V. 2, 22 und 23, die den Weg vom Fast-Straucheln über die uneinsichtige Stumpfheit zur Erfahrung der Nähe Gottes markieren, die das Wesen seiner Güte ist (zum Aufbau vgl. Irsigler 1984: 140–352).

Traditionen und Erfahrungen

V. 1 ist in der vorliegenden Form merkwürdig. Die masoretische Akzentuierung suggeriert folgende Vershälften:

»Ja, gut ist Gott zu Israel, // zu Herzensreinen!«

Die zweite Vershälfte bringt statt der zu erwartenden Parallelaussage nur gerade eine Apposition zu Israel und erklärt Israel zu einer Gemeinschaft von Herzensreinen bzw. schränkt das (wahre) Israel auf Herzensreine ein oder weitet Israel auf alle Herzensreinen aus. Das formale und das inhaltliche Problem lösen sich, wenn man *l^ejsrá el* anders vokalisiert und *l^ejašar 'el* liest:

»Ja, gut ist zum Redlichen EL // Elohim zu den Herzensreinen!«

Die Textüberlieferung bietet dafür allerdings keine Handhabe, und die Frage, was sich die Leute bei »Israel« gedacht haben, bleibt. Sie müssen den Psalm kollektiv verstanden, die Redlichkeit des Beters als Thoraerfüllung und die Skrupellosen als Nichtjuden, als Heiden, gedeutet haben. Der weisheitliche Einschlag des Psalms, der – wie die Sprüche, Ijob oder Kohelet – nach den Gestaltungsmöglichkeiten im menschlichen Leben, nach dem Zusammenhang zwischen Tun und Ergehen fragt, steht einer solch national-religiösen Deutung entgegen. Die Weisheitsliteratur stellte solche Frage in einem universalen und rationalen Kontext. Die Lösung, die der Psalm anbietet, ist allerdings nicht weisheitlich im strengen Sinn. Die Schriftgelehrten ihrerseits haben spätestens im 2. Jh. v. Chr. – nach vielen früheren Ansätzen in dieser Richtung – die »Weisheit« immer resoluter und expliziter mit der Thora (vgl. Sir 24,23) und damit in der Konsequenz auch mit rituellen Überlieferungen identifiziert, die der national-religiösen Identität dienten. Damit waren die Voraussetzungen für die Israel-Interpretation des Psalms gegeben. Würthwein hat die Konsequenzen der Textkorrektur sehr präzise formuliert, wenn er sagt: »Der masoretische Text antwortet auf die Glaubensfrage, ob das, was im Zentrum der religiösen Verkündigung Israels steht – Jahwes Gnade für sein Volk –, noch gilt; der geänderte Text antwortet auf die Lebensfrage, ob man sinnvoll handle, wenn man sich zu den *r^{e}šaʿim* halte« (1950: 167). So präzis alternativ scheint sich der Psalmist die Frage allerdings nicht gestellt zu haben, wenn man den Fortgang seines Textes betrachtet. Spezifisch israelitische Theolegumena sind da kaum zu finden.

V. 2–3: Mit der von V. 1 betont an den Anfang gesetzten Güte Gottes kontrastiert das *»Ich aber«* von V. 2. Dieses erzählt von seinem nur um ein geringes verfehlten Sturz. Anlaß dazu war sein Neid auf die »(sichselber)Rühmenden, die Prahler«. Diese Übersetzung ist der mit »Törichten« vorzuziehen. Wie der parallel gestellte *šelom r^{e}šaʿim* hat auch das »Rühmende« etwas Doppeldeutiges. Es sind positive Leute, die etwas anpreisen, wenn auch etwas Fragwürdiges, in dem – wie im »Wohlergehen der Skrupellosen« – der Wurm steckt. Ob das betende Ich die Fragwürdigkeit nicht sah oder in Kauf nahm, ist nicht ganz klar. Die folgende Schilderung der *r^{e}šaʿim* macht das letztere wahrscheinlich. Damit charakterisiert es sein Verhalten nicht nur als kurzsichtig, sondern – im Gegensatz zur Güte Gottes in V. 1 – als böse. Sympathisch berührt die offene Direktheit, mit der er die Faszination und Anziehungskraft beschreibt, die die Erfolge der Skrupellosen auf ihn ausübten. Er ist nicht der Immune und spielt nicht den Unangefochtenen, die in den meisten Fällen nur unglaubwürdig wirken. Weder leugnet und verdrängt er seine Verletzlichkeit, noch macht er aus seiner Schwäche eine Tugend.

In den V. 4–12 werden nun das Ergehen, Tun und Denken der Skrupellosen geschildert, wobei das eine sich aus dem andern ergibt und dieser Zusammenhang durch das zweimalige »deshalb« am Anfang der V. 6 und 10 unterstrichen wird.

Mit dem Wort »Skrupellose«, mit dem ich bisher die dritte Größe neben Gott und dem redenden Ich bezeichnet habe, wird das hebräische *r^ešaʿim.* übersetzt. Normalerweise gibt man es mit »Frevler« oder »Gottlose« wieder, beides Begriffe, die in unserer Umgangssprache, und d. h. in unserer Alltags-Erfahrung, nicht vorkommen. So stellt sich die Frage: Gibt es das hier Angesprochene nicht mehr, oder benennen wir es anders? *rašaʿ* bezeichnet den »Schuldigen«, wie *saddiq* den »Schuldlosen«. Für den notorisch »Schuldigen« verwendet, bekommt es die Konnotation »Krimineller«, allerdings, wie die folgende Beschreibung zeigen wird, Krimineller eher im Bereich der sogenannten Gentlemen-Delikte, der Verbrechen der weißen Weste. »Gottlose« sind sie in den Psalmen vor allem in dem Sinne, daß die BeterInnen überzeugt sind, die *r^ešaʿim* könnten nur unter der stillschweigenden Voraussetzung, daß da kein wirksamer Gott sei, so handeln (Keel 1969: 109–131). Leute, die ohne religiöse oder mitmenschliche Bedenken handeln, bezeichnet man heute – etwas euphemistisch – als unanständig oder aber als skrupellos.

Die Beschreibung der Skrupellosen setzt sozusagen empirisch mit ihrem Äußeren ein (V. 4–5): Ihr Leib ist gesund. Von den Plackereien, denen die meisten Menschen ausgesetzt sind, bleiben sie verschont. Dieser Sachverhalt wird als Voraussetzung, als Grund (»deshalb«) für ihre Überheblichkeit, ihre Gewalttätigkeit, ihre Boshaftigkeit und ihr unterdrückerisches Tun angesehen (V. 6–9). Mit dem Reden von der Höhe herab (V. 8c) wird der Anspruch angedeutet, wie Gott zu sein. Denn es ist seine Prärogative, von der Höhe herab zu handeln (Ps 18,7; 102,20; 144,7). Über V. 9 ist viel geschrieben worden. Man hat in Anlehnung an ugaritische Texte gedacht, die Skrupellosen würden hier als freßgieriges Chaosunge-

heuer karikiert (Ringgren 1953 und 1979). Andere haben aber auf den engen Zusammenhang zwischen V. 8 und 9 hingewiesen. In beiden geht es nicht ums Verschlingen, sondern um ein Reden, dem keine Grenzen gesetzt werden. Der ganze gottgeschaffene Lebensraum, Himmel und Erde, wird von ihren Reden affiziert (vgl. Irsigler 1984: 22f.).

Mit einem weiteren »deshalb« (V. 10) wird der dritte Schritt der Schilderung der Skrupellosen eingeleitet. Nach dem Ergehen (V. 4–5) und dem daraus resultierenden Verhalten (V. 6–9) werden die Folgen ihres Verhaltens skizziert. Die erste Aussage dazu ist schwer verständlich, aber das darf nicht Anlaß sein, bei völlig willkürlichen Konjekturen Zuflucht zu suchen. Am besten versteht man den überlieferten Wortlaut im Sinne der alten Übersetzungen dahin, daß der Autoritätsanspruch, mit dem die Skrupellosen sich äußern, das Volk tief beeindruckt und es deren Reden gierig wie Wasser einschlürft. Das Resultat ist die generell um sich greifende Überzeugung: »Wie kann Gott wissen? Gibt es (überhaupt) eine Kunde beim Höchsten?« Die 3. Pers. Mask. Pl. als Subjekt des Sprechens versteht man am besten als unbestimmtes Subjekt. Das Verbum *'amar* läßt auch nicht klar erkennen, ob es sich um artikulierte Reden oder bloß um Gedanken handelt. Inhaltlich wird nicht so sehr eine theoretische Allwissenheit, sondern die Meinung bestritten, Gott kümmere sich um irgend etwas (vgl. Ps 10,11). Das hebräische *jada'* bezeichnet ein Wissen mit Konsequenzen im Sinne von »sich kümmern um« (vgl. Ps 1,6 und den Ausdruck »seine Frau erkennen«).

Die Schilderung der Skrupellosen endet mit dem dramatischen Hinweis:

> *»Siehe, das sind die Skrupellosen,*
> *die ewig Glücklichen, die Macht errungen haben.«*

Das hier mit »Macht« übersetzte Wort *hajil* kann nicht nur physische Kraft und Reichtum, sondern auch ein großes Gefolge bedeuten (1 Kön 10,2).

In den V. 13–17 erzählt das Ich des Psalms das Dilemma, in das ihn der Einfluß der Skrupellosen gebracht hat. Angesichts ihres Erfolges in Theorie und Praxis überkamen ihn schwere Zweifel, ob er nicht völlig umsonst sein Herz und seine Hände, seine Gedanken und Taten schuldlos gehalten habe. Statt des dafür in Aussicht gestellten Segens (Ps 24,4f.; vgl. auch Ps 26,5f.) erfährt er Tag für Tag nur Widerwärtigkeiten. Die Begriffe »Züchtigung« und »Morgen für Morgen« lassen seine negativen Erfahrungen sogar als eine Art Gottesgericht erscheinen, denn JHWH hat vom Sonnengott die Gewohnheit übernommen, am Morgen die Vergehen der Nacht zu bestrafen (vgl. Gen 19,15.23; Zef 3,5; Ijob 38,12–15 u. o.). Die Frage: »Was nützt es mir, ohne Verfehlung zu sein?« (Ijob 35,3; vgl. Mal 3,14f.) wird zur Obsession.

Sie führt zum Versuch, die Lebenseinstellung zu ändern und wie die Skrupellosen zu rechnen (wörtlich an einem Modell abzählen, vgl. Ijob 28,27; 38,37). Diese Deutung legt auch das erste Wort im folgenden V. 16 nahe, das soviel wie »berechnen, bedenken« bedeutet (vgl. Lev 25,27.50). Beim Gedankenexperiment stößt das Ich des Psalms überraschend, wie das »Siehe« andeutet, auf die Einsicht, daß in einer tieferen Schicht gar nicht zählbarer Erfolg oder Mißerfolg seine Lebenseinstellung bestimmen, sondern das Bedürfnis, zum »Geschlecht der Söhne Gottes« zu gehören. Der Hebräer drückt jede Art von Zugehörigkeit mit den Begriffen Sohn oder Tochter aus (»Sohn des Todes«, »Tochter des Glücks« usw.). Das betende Ich verfällt nicht in jene unglaubwürdige Prahlerei gewisser Frommer, die sagen: »Ich könnte ja auch Steuern hinterziehen, meine Konkurrenten ruinieren, Seitensprünge machen usw.« Das geht eben nicht ohne Verlust der Identität und der Gottesfreundschaft, die es verlassen müßte, so wie einer treulos die Frau seiner Jugend verläßt (vgl. Mal 2,14f.; Ex 21,8). Zwar möchte das betende Ich Erfolg, Komfort und Luxus der Skrupellosen. Aber der hohe Preis quält es. Es spürt die Unfreiheit und die engen Grenzen, die uns aufgrund unserer Begabung und Berufung gesetzt sind. Während der Beter einerseits wie ein gieriger Hund in die Richtung der Skrupellosen drängt, hält ihn andererseits seine Bindung an Gott wie eine Kette zurück, eine qualvolle Situation, die so lange gedauert hat – bis das Modell der Skrupellosen plötzlich seinen Reiz verlor.

Wie kam das? V. 17 gibt zwei Gründe, die unverbunden nebeneinander stehen, auch wenn sie innerlich zusammenhängen. Als erster wird ein Besuch im Heiligtum genannt. Der Plural »Heiligtümer« ist kein Grund, an etwas anderes als den Jerusalemer Tempel zu denken, mag sich der Plural primär auf die komplexen Baulichkeiten oder auf die große Bedeutung dieses Tempels beziehen. Er findet sich auch sonst (Jer 51,51; Ps 68,36). Eine metaphorisch-spirituelle Bedeutung im Sinne von »Geheimnisse« oder ähnlichem ist hingegen nicht belegt (Schmitt 1973: 279–282).

Wie konnte der Tempelbesuch eine solche Wirkung haben? Der Besuch im Tempel, der besonders für Leute außerhalb der Hauptstadt ein eher seltenes Ereignis gewesen sein dürfte, vermittelte nicht nur die Erfahrung des zugewandten Antlitzes Gottes (Ps 27,4), sondern nach Ps 42,5; 55,15 und 122 auch ein Erlebnis intensivster menschlicher Gemeinschaft. Beim Passieren der Tore der Gerechtigkeit, durch die nur Gerechte mit Aussicht auf Segen eintreten dürfen (Ps 118, 19f.), gewann das Geschlecht derer, die sein Antlitz suchen (Ps 24,6), Fleisch und Blut und wurde aus einer lästigen Kette wieder zu einer faszinierenden Realität, vor der die Erfolge der Skrupellosen verblaßten.

Diese positive Erfahrung wurde durch die negative vervollständigt, daß die Sache der Skrupellosen keine Zukunft hat, kein Nachher. Der hebräische Ausdruck *'aharit* meint nicht das Ende im Sinne des Aufhörens oder gar des Todes, sondern konkret die Nachkommenschaft, abstrakter die Zukunft oder Zukunftshoffnung. Um diese aber steht es bei den Skrupellosen insofern schlecht, als sie ganz auf sich gestellt sind und, total selbstbestimmt, mit sich selber zugrunde gehen.

Die V. 18–20 vergegenwärtigen die Hinfälligkeit der *raša'*-Existenz mit dem Bild vom schlüpfrigen Grund, auf dem man leicht ausrutscht, und mit dem vom Traum, der sich nach ein paar intensiven Momenten als Nichtigkeit herausstellt (Jes 29,8; Sir 34,1–7). Die Skrupellosen leben in Täuschungen, die, aufgedeckt, erschrekkender Leere und dem nackten Grauen Platz machen.

V. 21–26: Im Gegensatz dazu weiß sich das sprechende Ich seit jeher und immerdar bei Gott geborgen und aufgehoben. Die sechs Verse gliedern sich in Zweiergruppen.

Die *ki*, das die erste Zweiergruppe einleitet, ist als konzessives *ki* zu verstehen (vgl. Mi 4,5; Jes 54, 10; Spr 6,35). V. 21 und 22 sind deshalb zu übersetzen:

»Auch als mein Denken (Herz) verbittert war
und meine Gefühle (Nieren) verletzt
und ich (wie) ein Biest war und nichts begriff,
ein ‚Ochse' – war ich mit Dir«
(zu dieser Übersetzung vgl. auch Mannati 1971).

»Ochse« gibt den Plural von *b^ehemah* »Vieh« wieder, der irgendein Riesenvieh bezeichnet, in Ijob 40,15 ein Nilpferd. Diese karikaturistische Selbstbezeichnung bringt die Unerschütterlichkeit der Beziehung zum Ausdruck. Selbst als dummes Biest war das sprechende Ich »mit Gott«. Stärker als seine zeitweise Unzufriedenheit und Verblendung hat sich seine Bindung an Gott erwiesen, und dieser trägt ihm sein Versuchtsein auch nicht nach.

Die eindrückliche Qualität, die die Beziehung in der Vergangenheit bewies, ermächtigt das sprechende Ich zu den kühnsten Erwartungen für die Zukunft. Sie kommen im nächsten Verspaar zur Sprache (V. 23–24):

»Und ich bin immer mit Dir.
Du ergreifst meine Rechte.
Nach Deinem Plan leitest Du mich,
und darnach nimmst Du mich in Herrlichkeit.«

Während im Ps 23 die Überzeugung *»Du bist mit mir!«* das Zentrum der Aussage bildete, ist die Überzeugung *»Ich bin immer mit Dir!«* in Ps 73 aus einer tiefen Krise geboren, in der das sprechende Ich sich für Gott entschieden und an ihn gehängt hat. Ähnlich wie hier wird auch in Ps 63 (V. 9) die Erfahrung, von Gott an der Hand genommen zu werden, als Akt Gottes erfahren, der der leidenschaftlichen Hinwendung des sprechenden Ichs entspricht.

Waren es in Ps 23 Prärogativen des Volkes (Gott als Hirte), die von einem unbekannten Individuum in Anspruch genommen wurden, so sind es hier solche der altorientalischen Könige. Schon in den Pyramidentexten des 3. Jt. v. Chr. nehmen verschiedene Götter den verstorbenen Pharao bei der Hand, um ihn in den Himmel hinaufzuführen (§§ 380a, 390, 997a). Auf einem Felsrelief des 13. Jh. v. Chr. in Yazilikaya kann man sehen, wie der Reichsgott den Hethiterkönig Tudhalija IV. an der Rechten faßt und führt

Abbildung 3

(Keel 1984: Abb. 347). (Siehe Abbildung 3 und 4.) In Jes 45,1 nimmt JHWH den Perserkönig Kyros d. Gr. bei der Rechten, macht ihn so zu seinem Gesalbten und begleitet ihn auf seinem Triumphzug, auf dem er ihm jedes Hindernis aus dem Weg räumt. Diese königliche Prärogative göttlicher Handergreifung und Führung nimmt in Ps 73 ein unbekanntes Individuum für sich in Anspruch. Die Kraft

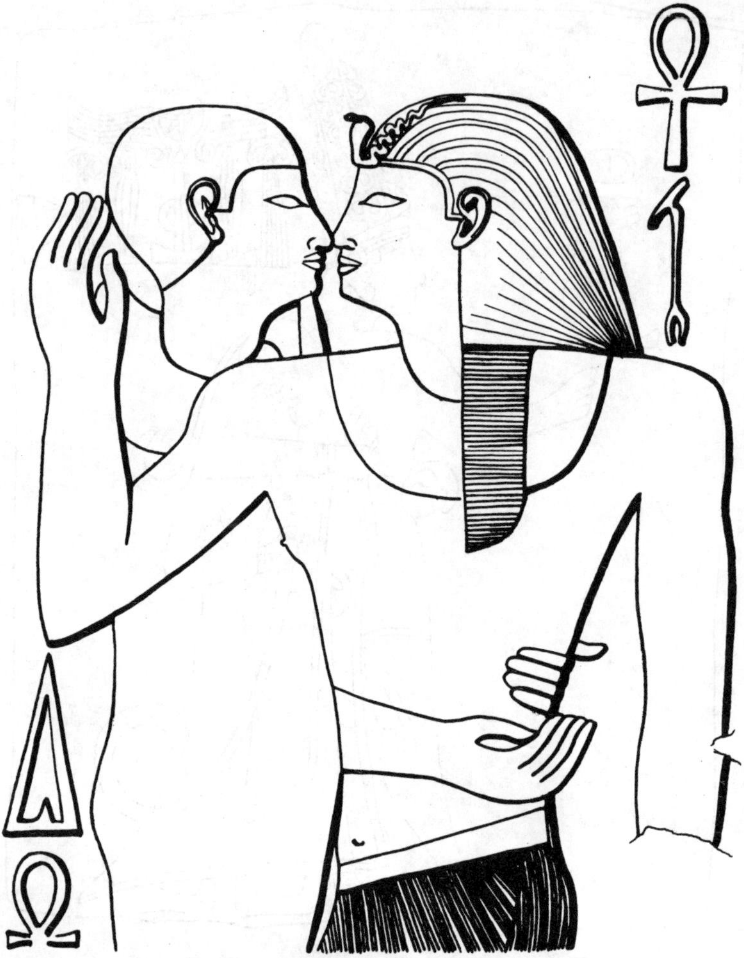

Abbildung 4

dazu ist ihm aus seiner mit ethischen Bedingungen verbundenen Entscheidung für JHWH erwachsen.

In V. 17 leistete die Einsicht, daß es für die Skrupellosen kein Nachher gibt, einen wesentlichen Beitrag zur Wende. Für den Beter/die Beterin in Ps 73 gibt es ein Danach. Dieses Danach ist die Hoffnung, daß Gott ihn/sie nehmen wird. Das ist der Kern aller individuellen Eschatologie. Sie knüpft an alte Traditionen an. In Gen 5,24 heißt es von Henoch:

> *»Henoch wandelte mit Gott, und dann war er nicht mehr, denn Gott hatte ihn genommen.«*

Die adverbiale Näherbestimmung »in Herrlichkeit« in unserm Psalm weist vielleicht auf die Elija-Überlieferung zurück, in der erzählt wird, wie der von Gott umgetriebene Prophet zuletzt von Gott genommen und in einem feurigen Wagen zum Himmel gefahren wurde (2 Kön 2; vgl. Sir 48,9).
Man übersetzt das einfache Verbum *laqah* »nehmen« in diesen Überlieferungen gern mit »entrücken«. Damit betont man den wunderhaften Aspekt des Vorgangs, der anthropologisch bedeutsame geht aber verloren. Nicht erst heute kriegt der Mensch, der als Kind nicht angenommen, als Frau von keinem Mann, als Mann von keiner Frau genommen wird und den oder die man für keinen besseren Posten nimmt, leicht eine Akzeptationsneurose. Unendlich viel hängt im Leben davon ab, ob man im entscheidenden Moment genommen – zuletzt von Gott genommen wird. Noch im NT kann das Eschaton mit den gerade in ihrer Schlichtheit furchtbaren Worten geschildert werden:

> »Dann werden zwei auf dem Felde sein;
> der eine wird genommen, der andere zurückgelassen.
> Zwei werden mahlen an der Mühle;
> die eine wird genommen, die andere zurückgelassen.«
> (Mt 24,40f.)

Auch die Erhöhung des Gekreuzigten umschreibt das NT mit dem Begriff des Genommenwerdens (Mk 16,19; Apg 1,2.9.11.22). Das deutsche Wort »Himmelfahrt« für diese Vorstellung hat deren adäquate Rezeption nicht gerade erleichtert (vgl. dagegen das lat. *assumptio*).

Die im AT sonst so absolute Grenze des Todes wird hier nicht nur – wie im Ps 23 – andeutungsweise als letzte Konsequenz eines tiefen Vertrauens kühn und entschlossen überflogen.

Das letzte Verspaar der großen Vertrauensrede von V. 21–26 deklariert Gott als einzigen Schatz des sprechenden Ichs. Wo der Schatz ist, da ist aber auch das Herz (Mt 6,21):

> »Wen habe ich (außer Dir) im Himmel,
> und mit Dir begehre ich nichts auf Erden.
> Schwinden mein Fleisch auch hin und (selbst) mein Herz (Denken),
> der Fels meines Herzens und mein Anteil ist Gott für immer.«

Da das sprechende Ich sich ganz von Gott hat bestimmen lassen und seine ganze Existenzkraft in Gottes Hand gelegt hat (vgl. V. 28b), erfüllt es die Zuversicht, es könne ihm auch im Extremfall nichts geschehen. Die Rede von Gott als Anteil hat ihre Wurzeln in der Unterhaltsregel für die Leviten, die keinen Anteil am Land bekommen, weil Gott ihr Anteil ist (vgl. z. B. Dtn 18,1–8; Ps 16,5–6).

In den V. 27–28 wird abschließend Bilanz gezogen. Was in Ps 1,6 von den Wegen der Skrupellosen gesagt wird, wird in V. 27a von denen gesagt, die sich von Gott entfernen, sie verlaufen sich in der Wüste, im Nichts, sie gehen zugrunde. Dabei nimmt V. 27a das »Siehe« von V. 12 betonend wieder auf. V. 27b bringt im Vergleich zu V. 27a noch eine Steigerung insofern, als aus dem Entfernen ein »Weghuren« und aus dem Zugrundegehen ein aktives Vertilgen Gottes wird.

Von dieser negativen Folie hebt sich um so strahlender das abschließende Bekenntnis zur These von V. 1 ab: Gott ist gut zu denen, die lauteren Herzens sind. Im ersten Teil des Psalms (V. 2–16) wurde diese Behauptung problematisiert. Im V. 17 erfolgte die Wende. Am Schluß wird das Bekenntnis geläutert und präzisiert wiederholt. Das Gute und die Güte Gottes sind nicht irgendwelche Vorteile, sondern es ist nichts anderes als seine Nähe, die auch in Irrungen und Wirrungen und über die Grenze des Todes hinaus trägt.

Das Ich des Psalms hat bei JHWH seine Zuflucht genommen, alles auf diese Karte gesetzt, um seine Taten zu erzählen. Vielleicht darf man das *sapper* hier nicht ganz losgelöst von dem in V. 15 sehen, wo er versucht war, wie die Skrupellosen zu reden und zu rechnen (*sapper*). Wie es dort versucht war, diese als Modell, als Lebensparadigma zu nehmen, so orientiert es sich jetzt an Gott. Das Nachzählen und Erzählen dieser Taten bedeutet nicht nur das Aufarbeiten der Vergangenheit, sondern auch Interpretationshilfe für künftige Erfahrungen.

Irsigler arbeitet als strukturale Grundprägung des Psalms die des individuellen Dankliedes heraus (1984: 353–364). Es geht um einen dankbaren Rückblick auf überwundene Not. Diese Not ist aber von den Krankheiten, Geburts-, Reise-, Prozeß- und andern Nöten, nach deren glücklicher Überwindung sonst Danklieder gesungen wurden, recht verschieden (vgl. z. B. Ps 107). Die Not bestand im Zweifel an der Güte Gottes gegenüber denen, die lauteren Herzens sind. Der Psalm kommt zum Schluß, daß es dieses Gutsein gibt. Irsigler möchte den Psalm von seiner Funktion her als »Bekenntnislied« bezeichnen. Dieses Bekenntnis enthält im zweiten Teil zahlreiche Momente eines Vertrauensliedes (vgl. die Nähe der V. 23–26 zu Ps 23). Gleichzeitig ist es aber auch eine Belehrung über das richtige Verständnis des Satzes von der Güte Gottes und hat so auch lehrhaften Charakter. Mit den einfachen Gattungsbezeichnungen ist dem Psalm also, wie gesagt, nicht beizukommen. Dementsprechend läßt sich als »Sitz im Leben« nicht eine einfache Situation eruieren, die sich regelmäßig wiederholt, wie Geburt, Krankheit etc. Es handelt sich um ein geistiges Problem, um den Zweifel am Sinn der Bindung an Gott mit ihren ethischen Konsequenzen. Den positiven Wert dieser Bindung hat das betende Ich im Hinblick auf die Gemeinschaft derer, die sich Gott verbunden wissen (»das Geschlecht deiner Söhne«) und am Heiligtum erfahren. Es ist bei allem weisheitlichen Überlegen an die Kultgemeinschaft gebunden.

Die Bedeutung des Psalms liegt für mich einmal in der Offenheit, mit der er das Problem zur Sprache bringt. Auch wenn in V. 21f. das Verhalten nachträglich als »extrem blöd« charakterisiert wird, gesteht das Ich doch, die Skrupellosen und Erfolgreichen beneidet zu haben und ernsthaft versucht gewesen zu sein, ihre Optik zu übernehmen. Interessant ist auch, wie die Lösung des Problems hier, im Diesseits, gefunden und gleichzeitig das Denken in Lohn und Strafe, die von der Gemeinschaft mit Gott unabhängig sind, überwunden wird. Lohn ist Gemeinschaft mit Gott – nichts sonst. Strafe ist Trennung von ihm – sonst nichts. Interessant ist auch, wie die Qualität der jetzt und hier existierenden Bindung zu ersten, eindeutig formulierten Hoffnungen führt, bei Gott auch im Tod und über den Tod hinaus angenommen und aufgehoben zu sein. Die aus einer zentralen Lebenserfahrung erwachsene Eschatologie besticht durch ihre Konsequenz und Einfachheit.

Weniger positiv berührt mich die krasse Schwarzweißmalerei, die eigene, nach Spr 20,9 so nicht mögliche Unschuld und die Schuld der Skrupellosen. Ihre heftige Ablehnung läßt den Verdacht aufkommen, das sprechende Ich hätte ihre Position und die Versuchung, mit ihnen zu gehen, noch nicht so ganz überwunden. Kann die Entscheidungssituation, die ihrerseits zwar unbequem ist, aber dem ethischen Handeln Gewicht gibt, nicht ohne diese negative Folie auskommen? Positiv werte ich die Unfähigkeit des sprechenden Ichs, eine Gemeinschaft mit Gott zu denken, die von ethischem Handeln (keine Überheblichkeit, keine Unterdrückung) losgelöst wäre.

Die Ausweitung des Vertrauens über die Todesgrenze hinaus hat hier noch nicht zu jenem Übergewicht des Jenseits geführt, wie es in der Einführung im Hinblick auf eine breite christliche Gebetstradition skizziert wurde. Eine solche diesseitsvergessene Position ist hier allerdings keimhaft angelegt. Sie geht mit einem stark individualistischen Denken einher, das leicht in Heilsegoismus ausartet.

Vortragsanregungen

1. Im Leben und Glauben angefochten

Ein frommer Mann kommt in eine Krise. Er möchte verzweifeln an der Welt, seinen Mitmenschen und an Gott. Die Verse 2–12 zeigen seine Anfechtungen: Da sind Leute, die große Reden schwingen, als hätten sie alles in der Hand (V. 3), als gelte grundsätzlich: Selbst ist der Mann! Und: Es gibt nichts Höheres als den Menschen. Oder: Wir werden's schon packen. Und den Gottlosen, die so leben, geht's rundum gut (V. 3–5)! Übermütig, eingebildet und rücksichtslos brüsten sie sich ihrer Leistungen (V. 6–7). Sie machen verächtlich, was dem Psalmisten hoch und heilig ist, und lästern frech. Dazu haben sie auch noch Zulauf von den Leuten (V. 10)! Sie sind glücklich und reich (V. 12)! Wir können diese Anfechtungen ergänzen mit Beispielen aus unserer Welt heute (evtl. einiges nennen!). Und angesichts eigener Plage und Qual ist die *eigentliche* Qual des Beters die Frage (V. 13–14): Was nützt mir denn mein Gottvertrauen, wenn es doch offensichtlich den Gottlosen so gut geht? – »Was nützt mir der Glaube?«: Darf man so fragen? Muß nicht angesichts von Anfechtung und Leid jede Antwort darauf eine Vertröstung sein? »Nach dem Zeugnis und der Erfahrung aller Frommen ist die größte Anfechtung, keine Anfechtung zu haben« (Luther)! Wenn es aber stimmt, »daß die Leiden der ›Adelstitel‹ der Christen sind« (H.-H. Jenssen, Theologisches Lexikon, Artikel Theodizee), wie kann ich sie angesichts des Glücks der Gottlosen ertragen?

2. Dennoch bleibe ich stets an Dir

Es gibt einen gewissen Trotz des Glaubens, eine Beharrlichkeit, die aus der Eigenerfahrung, aus dem Zeugnis der Schwestern und Brüder (V. 15), eigentlich von Gott selbst kommt. »Gott ist *dennoch* ...« (V. 1) Und eben aus dieser Beharrlichkeit geht der fromme Mann Gott an, bis hin zu der Gewißheit, daß Gott all das »gottlose Gesindel« (so empfindet er) am Ende umbringen wird (V. 27). Aber weil Gott jetzt nicht evident ist, muß doch wenigstens irgendwo seine Kraft effizient werden. Darauf kommt der Psalmist, als er sein gewisses, beharrliches und eben auch trotziges Dennoch (V. 1,23) für sich selbst überdenkt. In den Versen 23–28 entdecken wir: Gott ist ihm Halt. Bei Ihm weiß er sich angenommen. Am Ende ist er sich der Ehre und des Sieges gewiß. Er weiß: Gott ist doch immer mein Trost und mein Heil, auch meine Freude und Zuversicht.

3. Die Wende

Wie kommt es aber zu solcher Wende? Wie findet der Beter von der klagenden – auch Gott anklagenden – Anfechtung zur Zuversicht: Gleichgültig, was andere meinen, Gott ist »meine Welt«? Ich denke, es ist dies ein immer wieder nötiger Weg, aus der Enge der Anfechtungen, die mich klein machen, in die Freiheit des weiten Raumes zu finden oder hier wieder erfreut zu werden (V. 28). Darauf besinnt sich der Psalmbeter (V. 16). Er sucht den Ort auf, wo er sich seines Glaubens vergewissern kann (V. 17) – ein Gotteshaus, das ihm zum Asyl wird. Vom Traum hält er zwar angesichts harter, verunsichernder Realität nichts (V. 20), es mag uns jedoch folgender Traum aufzeigen, was es um die Evidenz Gottes und die Effizienz des Glaubens ist:

»Spuren im Sand. Eines Nachts hatte ich diesen Traum. Ich ging mit Gott meinem Herrn am Strand entlang. Vor meinen Augen zogen Bilder aus meinem Leben vorüber, und auf jedem Bild entdeckte ich Fußspuren im Sand. Manchmal sah ich Abdrücke von zwei Fußpaaren im Sand, dann wieder nur von einem Paar. Das verwirrte mich, denn ich stellte fest, daß immer dann, wenn ich unter Angst, Sorge oder dem Gefühl des Versagens litt, nur die Abdrücke von einem Fußpaar zu sehen waren. Deshalb wandte ich mich an den Herrn: Du hast mir versprochen, Herr, Du würdest mit mir gehen, wenn ich Dir nur folgen würde. Ich aber habe festgestellt, daß gerade in den Zeiten meiner schwierigsten Lebenslagen nur ein Fußpaar im Sand zu sehen war. Wenn ich Dich nun am dringendsten brauchte, warum warst Du dann nicht für mich da? – Da antwortete der Herr: Immer dann, wenn Du nur ein Fußpaar im Sand gesehen hast, mein Kind, habe ich Dich getragen.« (Aus Taizé)

So braucht es den Glauben, um (Glaubens-)Anfechtung überhaupt erst zu erleben. Und so ist es eine Glaubenserfahrung, wenn solche Anfechtung meine Freude und Zuversicht auf Gott den Herrn stärkt. »Die Anfechtung ist ja genau so wie der Trost (und vom Trost gar nicht zu trennen) ein göttliches Werk.« (Karl Barth)

Gesprächsanregungen

1. Einstiegsmöglichkeiten

a) Wovon reden die Leute, wenn sie zusammen sind? Von ihren Plänen und Erfolgen usw. Reden wir auch über unsere Mißerfolge, Niederlagen und Ängste? Wann, wo, wem gegenüber?

b) »Beinahe-Zusammenstöße« gibt es nicht nur im Flugverkehr; jeder hat schon Erlebnisse gehabt, wo »beinahe« etwas schiefgegangen wäre (Beispiele!). Wie fühlt man sich nach solch einem Erlebnis? Wie verarbeitet man es?

c) Alleingelassen im Glauben: Als Christen leben wir oft inmitten vieler Nichtchristen. Mancher Christ kommt sich vor wie der »letzte Mohikaner«. Welche Empfindungen und Versuchungen können da entstehen?

2. Inhaltliche Erarbeitung

- Im gemeinsamen Gespräch (oder als kurze Erklärung des Leiters) wird der Psalm in seinem Aufbau betrachtet: der erste Teil (Verse 4–17) beschreibt das Glück der Gottlosen und gibt die Fragen des Frommen wieder;
  der zweite Teil (Verse 18–26) stellt dem Geschick der Gottlosen die Seligkeit des Frommen bei Gott gegenüber.
- Gemeinsam werden die Thematik und die Art des Psalms zu bestimmen versucht. Es geht um die Erfahrungen, die viele gläubige Menschen machen: den »Bösen« geht es gut, den »Guten« schlecht; Glaubensüberzeugung und Alltagserfahrung klaffen oft weit auseinander. Der Psalm ist eine Art Weisheitsgedicht, in dem über solche Erfahrungen nachgedacht wird.
- Weiter fragen: Was unterscheidet diesen Psalm von den allgemein üblichen Klagen, die wir jeden Tag hören? Er bringt die Erfahrungen des Alltags mit dem Glauben an Gott in Verbindung und versucht, beides in Einklang zu bringen.

3. Thematische Weiterführung

Das Thema des Psalms kann in zwei Richtungen lebensnah weitergeführt werden (als Gruppenarbeit oder im Gespräch):

a) »Ich glaube; hilf meinem Unglauben!« (Mk 9,24)
»Glaube aber ist: fest stehen in dem, was man erhofft, überzeugt ein von Dingen, die man nicht sieht« (Hebr 11,1). Im Alltag ist aber unser Glaube nicht immer so fest; es gibt Umstände, Situationen und Erfahrungen (eine davon nennt unser Psalm), die es uns schwermachen, an Gott zu glauben. Solche Glaubensschwierigkeiten darf man sich und anderen und auch Gott eingestehen (wir wollen und dürfen es jetzt hier tun). Wir wollen uns aber auch erinnern an Erfahrungen, durch die unser Glaube gestärkt wurde (Begegnungen, Gottesdienste, Schriftworte, praktische Hilfe usw.).

- Welche Rolle spielt dabei unser Glaube an Christus? Ist Er für uns der, der unsere Drangsale und Ängste besiegt?
- Welche Rolle spielt die Gemeinde? Trägt sie den einzelnen in seinen glaubensschwachen Stunden?

b) »Gott will, daß alle Menschen gerettet werden und zur Erkenntnis der Wahrheit gelangen« (1 Tim 2,4).
Unser Psalm bringt sehr schön die Verbundenheit des Frommen mit Gott zum Ausdruck. Allen Zweifeln zum Trotz darf der Glaubende gewiß sein, daß Gottes Hand ihn hält und daß ihn nichts von der Liebe Gottes trennen kann (Röm 8,38f.).
- Da erhebt sich die Frage, was mit den anderen wird, die nicht glauben. Dürfen wir uns mit der Auskunft des Psalms (V. 19) zufriedengeben: »Sie vergehen in einem Ende mit Schrecken«?
- Paulus war bereit (vgl. Röm 9,1-3), für seine noch ungläubigen Stammesbrüder seinen eigenen Glauben einzusetzen. Wie könnten die entsprechenden Stellen im Psalm christlich formuliert werden?

Vergleichstexte

Für die Menschen, die ihrem Gewissen folgen

Wir danken Dir, o Herr, für die Propheten und für die Menschen, die seit Jahren ihrem Gewissen folgen und Deine Forderung nach Gerechtigkeit Deinem Volk zu Gehör bringen.

O Herr, schenke uns den Mut, danach zu trachten, wahre Gerechtigkeit walten zu lassen und uns gegenseitig Güte und Barmherzigkeit zu erweisen.

Wir tun Buße, weil wir uns auf die falsche Sicherheit der Waffensysteme verlassen haben. Schenke uns den Mut, aus unsern Schwertern Pflugscharen zu schmieden und das Atomarsenal zugunsten von wirtschaftlichen und sozialen Maßnahmen abzubauen.

Wir danken Dir für alle, die danach trachten, im südlichen Afrika Deiner Liebe Raum zu schaffen.

O Herr, wir bitten Dich: Gedenke aller, die im Gefängnis sitzen, und erbarme Dich derer, die bei den Auseinandersetzungen in den Townships ums Leben kamen.

Tröste, Herr, alle, die umgesiedelt wurden, und schenke Deinen Kindern die Gewißheit Deiner Liebe. Amen.

Aus Südafrika

Heute läßt sich wohl nicht mehr ausmachen, wie und wodurch es zur Abkehr vom Althergebrachten, zur heutigen Lockerung der Sitten kam ... Man konnte sich erinnern, wie es dem Förster Andrej Solodow ergangen war. Solodow hatte kraft der ihm verliehenen Amtsgewalt vor zwei Jahren den Holzgewinnungsbetrieb für die fast hüfthohen Baumstümpfe bestraft ... Am Freitag wollte die Kassiererin in der Stadt den Lohn abholen, kam aber unverrichteterdinge zurück: Die Bank hatte dem Holzgewinnungsbetrieb zur Strafe die Mittel gesperrt. Am Sonnabend heizte Andrej wie gewohnt das Bad, wusch sich und legte sich schlafen, und in der Nacht brannte das Badehaus ab. Durch Unvorsichtigkeit, Unachtsamkeit des Besitzers sollte man denken: Er hatte doch geheizt, gebadet, sich dann aufs Ohr gelegt und war eingekokst. Am Montag fuhr die Kassiererin wieder zur Bank und kam abermals mit leerer Tasche zurück. Sie sollte bis Mittwoch warten, hieß es, dann würde entschieden, woher man das Geld nähme. Doch am Mittwoch wurde sie auf Freitag vertröstet. Am Mittwoch wurde Andrej Solodows Stute vom Forstwirtschaftsbetrieb vermißt, das einzige Arbeitspferd der ganzen Siedlung, mit dem sie die Hälfte der Gemüsegärten pflügten und das in der Forstwirtschaft unersetzlich war. Erst im Frühjahrstauwetter kamen die Knochen der Stute in einem Dickicht zum Vorschein, daneben lag ein halbverrotteter Strick. Iwan Petrowitsch sprach mit Andrej darüber, und sie waren sich einig, daß das ohne die eigenen Leute nicht abgegangen war. Es wäre lächerlich gewesen, die Schuld nur bei den Zugereisten zu suchen. Nein, auch die Einheimischen, mit denen man lange genug Zaun an Zaun wohnte und zusammenarbeitete, hatten sich angewöhnt, jeden schief anzusehen, der wie seit altersher auf Recht und Ordnung sah und einem vom Gewissen predigte.

... Unordnung um dich her und Unordnung in dir selbst sind zwei ganz verschiedene Dinge ... Und nichts ist leichter, als in sich selbst irrezugehen ... Das Gewissen, glaubst du, regt sich nicht von allein in dir, sondern auf deine Bitte; vielleicht kann es dich auch von sich aus ansprechen ... Sind Gewissen und Wahrheit, wiewohl miteinander im Austausch und einander ergänzend, unselbständig und einem Wichtigeren untergeordnet? Etwa der Seele? ... Und was soll sie tun, wenn Gewissen und Wahrheit durch ihre Schuld aus dem Lot geraten sind?

V. Rasputin

Im vorstehenden Text – aus: »Der Brand« – hat Rasputin ein Bild von Entmenschlichung und Roheit gezeichnet, das zum Verstehen von Aussagen über Feinde in Psalmen wichtig sein kann.

3. Abend
Bewacht – behütet
Psalm 139

Auslegung
Eins mit Gott und sich selber

Text

Der Text von Psalm 139 ist schwierig, teils aus eigentlich textkritischen Gründen, teils weil er ein ungewohntes Vokabular benutzt. Die beiden Schwierigkeiten sind nicht immer klar zu trennen. Ein ungewohntes Vokabular weckt den Verdacht, Kopisten hätten sich verschrieben.

Ich halte mich an die Lösungsversuche, die vorgeschlagen werden in: United Bible Societies, Preliminary and Interim Report on the Hebrew Old Testament Text Project, Vol. 3, Stuttgart 1977, 422–428. Sie vermeiden Änderungen am hebräischen Text.

Aufbau

Schon bei einem ersten flüchtigen Durchlesen fällt einem ein brüsker Wechsel des Tons und des Inhalts in V. 19–22 auf. Während in V. 1–18 nur das Ich des betenden Subjekts und das Du des angesprochenen Gottes im Gespräch waren, taucht in V. 19–22 plötzlich eine dritte Größe auf: Verbrecher und Blutmenschen, JHWH-Hasser, die sich gegen ihn erheben. Sie verschwinden so plötzlich, wie sie gekommen sind.

Die V. 23 und 24 knüpfen deutlich an den Anfang des Psalms an und bilden mit diesem eine Inclusio, die den Psalm zusammenhält.

In V. 23 gelten das »Erforschen« (*hqr*), »Kennen« (*jd'*) und »Prüfen« (*bhn*) Gottes wiederum nur dem betenden Subjekt, wie schon in V. 1b–2. Von der dritten, in den V. 19–22 aufgetauchten Größe ist scheinbar keine Spur mehr zu finden. Der einzige Unterschied zwischen Anfang und Schluß scheint der zu sein, daß die Verben in V. 1b–2 in der Afformativform (Perfekt), in V. 23 im Imperativ stehen.

Bei genauem Zusehen ist ein noch wichtigerer Unterschied zu erkennen. V. 24 greift das Thema des Weges, das den V. 3 bestimmt, wieder auf. Aber während in V. 3 vom Lebensweg des Beters die Rede ist, werden in V. 24 zwei Wege unterschieden, von denen der eine gemieden, der andere mit Hilfe Gottes beschritten werden soll. Der zu meidende Weg erinnert an die dritte, in den V. 19–22 aufgetauchte Größe, von der sich das betende Subjekt mit Vehemenz distanziert hat.

Die ersten 24 Zeilen des Psalms sind ziemlich deutlich in vier Strophen zu je sechs Zeilen gegliedert.

Die ersten sechs Zeilen (V. 1b–6) werden von der Sprechsituation Du–Mich bestimmt. Inhaltlich geht es um das Kennen (viermal *jada'*), Erforschen, Verstehen, Vertrautsein des angesprochenen Gottes mit dem sprechenden Subjekt. Einzig in V. 6 wird diese Kenntnis aus dem Bereich des direkten Du in die der distanzierteren 3. Person versetzt: »Zu wunderbar ist die Kenntnis für mich!« Die alte griechische Übersetzung hat allerdings auch hier »deine Kenntnis«.

In der nächsten Strophe (V. 7–12) steht das sprechende Ich mit seiner (unausweichlichen) Beziehung zum göttlichen Du im Vordergrund. Inhaltlich wird das durchdringende Wissen Gottes durch seine Omnipräsenz abgelöst, der man nicht entfliehen kann.

Die dritte Strophe (V. 13–16) nimmt in V. 13 das betonte »Du« von V. 2 wieder auf: »Ja, du«. Wieder steht der angesprochene Gott im Vordergrund. Das sprechende Ich des Psalms erscheint wieder als Objekt. Inhaltlich erfahren wir die Ursache von Gottes durchdringendem Wissen um das betende Subjekt. Der angesprochene Gott ist es, der die geheimsten Gefühle (Nieren) des betenden Ichs geschaffen hat.

In den nächsten sechs Zeilen (V. 17–22) tritt noch einmal, wie schon in V. 7–12, das betende Ich als Subjekt in den Vordergrund, seine Bewunderung für die kostbaren und starken Gedanken Gottes, sein Haß (viermal) auf die Gegner Gottes.

Die letzten zwei Verse nehmen, wie schon vermerkt, das Vokabular der V. 1–3 wieder auf und bilden so eine Inclusio.

Wenn auch manche Einzelheiten unklar bleiben, einzelne Wörter vielleicht als Glossen auszuscheiden sind u. ä., so gilt nach wie vor, was S. Wagner (1978: 359) gesagt hat: »Der Gestaltungswille ist erkennbar, nicht mehr unbedingt das exakte Gestaltungsergebnis.«

Tradition und Erfahrungen

1b »JHWH, du hast mich erforscht und kennst mich.
2 Du kennst mein Absitzen und mein Aufstehn.
Du hast Einsicht in meine Gedanken aus der Ferne.
3 Du mißt mein Gehen und mein Liegen ab.
Du bist vertraut mit allen meinen Wegen.
4 Es gibt kein Wort auf meiner Zunge,
das du, JHWH, nicht kennst.
5 Von hinten und von vorne hast du mich umschlossen.
Du hast deine Hand auf mich gelegt.
6 Zu wunderbar ist für mich die Kenntnis.
Sie ist so hoch, ich kann sie nicht fassen.«

Das Thema dieser ersten sechs Zeilen ist die Kenntnis, die JHWH von total allen äußeren und inneren Bewegungen des betenden Subjekts hat. Die Totalität der Bewegungen wird durch Merismen zum Ausdruck gebracht (Sichsetzen und Aufstehen, Gehen und Liegen; vgl. Krašovec 1974), durch zweimaliges *kol* »alle« und durch das Kennen der Gedanken und Worte, ehe diese irgendwie geäußert worden sind.

Welcher Art ist die Kenntnis, die JHWH hat? Sie wird hauptsächlich mit *jada'* umschrieben (viermal), *jada'* kommt im AT etwa 800mal vor, ist ein ziemlich allgemeiner und von daher etwas farbloser Begriff. Er kann die verschiedenen Phasen eines ganzen Bewegungsablaufs, aber auch den ganzen Ablauf als solchen bezeichnen, der »wahrnehmen, merken, erfahren, erkennen, kennen, Einsicht haben, verstehen und sich kümmern um« beinhaltet. In bestimmten Zusammenhängen geht der Bedeutungsbereich weit über das hinaus, was wir mit »kennen« verbinden, so, wenn es »sexuell verkehren« oder ein Volk oder einen Propheten »erwählen« bedeutet (Am 3,2; Jer 1,5).

In Verbindung mit *jada'* stehen sechs andere Begriffe, jeder allerdings nur einmal und deshalb von geringerem Gewicht. Besondere Beachtung ist von den Exegeten nur zweien von ihnen geschenkt worden:

swr I, eine Nebenform von *srr* I (davon *srwr* »Beutel«), meint »einwickeln, einschließen, umhüllen«. Meistens handelt es sich um Kostbarkeiten (Ex 32,4; Dtn 14,25). Wagner (1978: 361) will das Wort hier mit »belagern«, »bedrängen«, »umzingeln« im militärischen Sinne wiedergeben, aber diesen militärischen Sinn hat *swr* nur in Verbindung mit *'l* oder *'l*, das hier nicht steht.

šjt kp 'l »die Hand legen auf«, »die Hand halten über« dürfte wie das parallele »umschließen von hinten und vorn« im schützenden Sinne zu verstehen sein. Wagner (ebd.) denkt an die schwer lastende Hand bei Ezechiel, aber von »schwer lastend« ist in Ez 1,3 und 3,22 nicht die Rede, und zudem steht dort *jd*, die Hand als Symbol kraftvollen Handelns, und nicht *kp*, die (hohle) Hand, die etwas birgt.

Bemerkenswert ist, daß in der ersten Strophe von Ps 139 jedes Verb des Sehens und Schauens fehlt. Das immerwährende, kontrollierende Schauen (*š'h*) Gottes wird in einigen Texten als lästig angesprochen (Ijob 7,19; 14,6; Ps 39,14; wahrscheinlich auch in Ijob 10,20f.). In Psalm 139 legen weder das dominierende jd' noch die ergänzend gebrauchten Verben Wagners Fazit nahe: »Die Anwesenheit dieses ›du‹ im Lebensvollzug des ›Ich‹ kommt einer Belagerung und einer Beschlagnahme gleich« (1979: 361). Das betende Subjekt selber kommt in V. 6 vielmehr zum Schluß, daß dieses umfassende Wissen ein Wunder ist und seine Verstehens- und Vorstellungskraft übersteigt.

Hier stellt sich die Frage: Wo nimmt das betende Subjekt eigentlich sein Wissen um das so intensiv bezeugte Wissen Gottes her?

Die folgende Strophe scheint auf eine mögliche Wurzel dieser Vorstellung hinzudeuten.

7 *»Wohin gehe ich vor deinem Geist?*
Wohin soll ich vor deinem Angesicht fliehen?
8 *Wenn ich den Himmel besteige – du bist dort!*
Schlage ich mein Lager in der Unterwelt auf – siehe da bist du!
9 *Hebe ich die Schwingen der Morgendämmerung,*
lasse ich mich am Ende des Meeres nieder,
10 *auch dort ist es deine Hand, die mich führt,*
und was mich hält, ist deine Rechte.
11 *Sagte ich: Ja, Dunkelheit soll nach mir schnappen,*
Nacht soll das Licht um mich sein –
12 *auch Dunkelheit ist nicht zu dunkel für dich,*
und die Nacht leuchtet wie der Tag,
Finsternis ist wie Licht.«

Dem in der ersten Strophe prädizierten Wissen Gottes um das betende Subjekt wird in der zweiten der hypothetische Versuch dieses Subjekts gegenübergestellt, dieser wissenden Präsenz zu entfliehen. Der Topos der unmöglichen Flucht ist alt. Hommel hat schon 1929 auf einen Amarnabrief aufmerksam gemacht, in dem ein kanaanäischer Fürst an den Pharao schreibt:

»Wenn wir hinaufsteigen zum Himmel,
wenn wir hinabsteigen zur Erde (d. h. der Unterwelt),
unser Haupt ist in deinen Händen!«
(J. A. Knudtzon, Die El-Amarna-Tafeln I, Leipzig 1915, 826f. Nr. 264, Z. 15–19).

Zweimal findet sich bei Amos das Thema der Unmöglichkeit, dem Gericht zu entfliehen. In Amos 5,19 sind es Löwe, Bär und Schlange, auf die der Fliehende der Reihe nach stößt. Näher an Psalm 139 ist Am 9,1–3:

»Kein Flüchtender von ihnen entflieht,
und keiner, der entrinnt, kann sich retten.
Wenn sie in die Unterwelt durchbrechen,
meine Hand holt sie von dort herauf.
Wenn sie in den Himmel hinaufsteigen,
bringe ich sie von dort herunter.

Wenn sie sich auf dem Gipfel des Karmel verstecken,
spüre ich (sie) auf und hole sie.
Wenn sie sich vor meinen Augen auf dem Meeresgrund verbergen,
befehle ich dort der Schlange, daß sie beißt.«

Die wilde Verfolgungswut von Amos 9,1–3, die JHWH im Gefolge des richtenden und rächenden Sonnengottes (?) in Bereiche einbrechen läßt, die ihm eigentlich fremd sind, fehlt in Ps 139 ganz. Im Gegensatz zu Am 9,1–3 und Jon 1,3 ist in Ps 139 eine Flucht überhaupt nicht ernsthaft ins Auge gefaßt. Das sprechende Subjekt braucht keine Vernichtung zu fürchten wie die Leute in Am 9,1–3. Es flieht vor keinem unwillkommenen Auftrag wie Jona. Es ist nicht lebensmüde wie Ijob in Kap. 3, der in der Unterwelt Ruhe finden möchte. Es ist nicht größenwahnsinnig wie der König von Jes 14,13f., der seinen Thron im Himmel aufstellen will. Noch fühlt es sich dermaßen verfolgt, daß es daran denkt, sich in menschenleeren Gegenden am Rande der bewohnten Welt niederzulassen (Ps 55,7). Die Aufzählung der verschiedenen, hypothetisch als Fluchtorte erwogenen kosmischen Räume dient nur dazu, JHWHs Omnipräsenz zu schildern.

Die kosmischen Räume in den Fluchtphantasien der 2. Strophe, die zur Beschreibung der Omnipräsenz JHWHs benutzt werden, erinnern an Beschreibungen des Sonnenlaufes. Mit dem Sonnengott sind auch häufig die Vorstellung der Allwissenheit und die des Richtens verbunden (vgl. R. Pettazzoni, Der allwissende Gott, Hamburg 1957). JHWH hat ja auch sonst mancherlei Züge des Sonnengottes übernommen (vgl. Stähli 1985), dessen Lauf sich nach Ps 19,7 von einem Ende des Himmels zum andern erstreckt und dessen Glut sich niemand entziehen kann. Holman (1972: 309) erinnert an einige Zeilen aus dem großen Atonhymnus Achenatens:

»Deine Strahlen, sie umfassen die Länder
bis ans Ende deiner ganzen Schöpfung,
als RE dringst du an ihre Grenzen...
Du bist fern,
aber deine Strahlen sind auf Erden,
du bist in ihrem Angesicht,
aber man kann deinen Gang nicht erkennen«
(Assmann 1975: 216).

Noch näher liegt es, an einige Zeilen des großen Schamasch-Hymnus aus der Bibliothek Assurbanipals zu denken, in dem vom Sonnengott gesagt wird:

> »Du durchmißt die Himmelsbahn ständig immer wieder,
> gehst über die weite Erde einher Tag für Tag.
> Den Weg über Meer (und) Gebirge, die Erde, den Himmel
> gehst du ... ständig entlang Tag für Tag ...
> Der Hirt der unteren Welt, der Hüter der Oberwelt,
> der das Licht der ganzen Welt wahrt, Schamasch bist du!
> Du überschreitest immer wieder das breite, weite Meer,
> dessen innersten Bereich (nicht einmal) die Igigu
> (eine Götterkategorie) kennen.
> [Schamasch,] dein funkelnder Glanz drang in die Wassertiefen hinab,
> daß die [Ungeheu]er des Meeres dein Licht erblicken ...
> auch in der Nacht harrst du aus, entfachst [das Feuer]
> über unausdenkbar ferne Landstriche hin und ungezählte Meilen ...«
> (A. Falkenstein/W. von Soden, Sumerische und akkadische
> Hymnen und Gebete, Zürich 1953, 241.247).

Es ist allerdings nicht zu übersehen, daß die Vorstellungen in Ps 139,7–12 von der zu vermutenden Naturerfahrung sorgfältig abgelöst worden sind. Da ist weder von »Auf- und Untergehen« noch von der »Himmelsbahn« noch von »Strahlen« die Rede. Die Gegenwart JHWHs in den verschiedenen Grenzbereichen ist in Ps 139 wenig anschaulich, inoffensiv und unbegreiflich. Er ist »da« und »dort« und »auch dort« (V. 8 und 10). Einzig das »Führen« und »Halten« in V. 10 sind etwas kräftiger gemalt – und leicht paradox. Selbst am Ziel seiner Flucht vor JHWH könnte das sprechende Subjekt sich ohne seine Hilfe nicht bewegen.

Es wurde oben die Frage gestellt, woher das sprechende Subjekt des Psalms um das intime Wissen JHWHs wisse. Die zweite Strophe gibt darauf keine Antwort. Es wird nur, was zuerst positiv gesagt wurde, mittels einer sehr bewußten und beschränkten Verwendung von Sonnengottvorstellungen negativ gesagt: Der intimen Kenntnis ist nicht zu entkommen. Den Grund dafür legt erst die dritte Strophe frei.

13 »Ja, (oder: Denn) Du hast meine Nieren geschaffen.
Du hast mich im Schoß meiner Mutter gewoben.

14 *Ich danke dir für die furchtgebietenden Taten.*
Wunderbar bin ich geworden,
und Wunder sind deine Werke.
Mein Lebensdrang ist sich dessen bewußt.
15 *Mein Gebein war nicht vor dir verborgen,*
als ich im Geheimen entstand,
als ich gewirkt wurde in den Tiefen der Erde.
16 *Deine Augen sahen mich, als ich noch ein Embryo war.*
In dein Buch wurden sie alle eingeschrieben,
die Tage, die geformt wurden, bevor es
einen von ihnen gab.«

Nicht die kosmisch-mythische Allgegenwart JHWHs, wie sie in der 2. Strophe in Anlehnung an Sonnengottvorstellungen evoziert wurde, ist der Grund für das geheimnisvoll intime Vertrautsein JHWHs mit dem Beter (1. Strophe). Der tiefste Grund für dieses Wissen und die Unmöglichkeit, ihm zu entfliehen, ist die Geschöpflichkeit des sprechenden Subjekts. Es empfindet tief, daß es sich selber einem verdankt, der um es wußte, ehe es sich selber kannte. Gott hat seine Nieren geschaffen, das Organ der innersten und feinsten Empfindungen (vgl. Wolff 1973: 105f.). Parallel zum *qanah* von V. 13a steht eine Form von *sakak*, die von den meisten neueren Kommentaren als Nebenform von *nasak* II verstanden und mit »flechten«, »weben« übersetzt wird. Das Verb findet sich auch Ijob 10,12:

»Mit Haut und Fleisch hast du mich bekleidet,
mit Knochen und Sehnen mich durchwoben.«

Die Terminologie bewegt sich im Bereich des Artifizialistischen, wie das Reden vom Töpfergott. Aber das Geschehen ist, da es sich um ein Individuum der geschichtlichen Zeit handelt, im Mutterleib lokalisiert. Die Vorstellung vom *Deus faber*, der im Mutterleib am Werk ist, entlockt der betenden Person einen Ruf des Dankes für die furcht- und staunenerregenden Wundertaten. So werden sonst die Machttaten beim Auszug aus Ägypten bezeichnet (Ps 106,22; Dtn 10,21). Das Wunder der eigenen Existenz wird ohne Zögern unter sie eingereiht. Die *nepeš* des redenden Subjekts ist sich dieses Wunders zutiefst bewußt. *nepeš* »Kehle«, »Atem«, »Gier« bezeichnet den Menschen unter dem Aspekt seiner Bedürftigkeit, seines Lebensdranges (Wolff 1973: 25–48). Wer lebensüberdrüssig, verbittert, depressiv ist, wird sein/ihr Leben nicht als unbegreifliches Wunder empfinden.

Die zweite Hälfte der 3. Strophe holt noch weiter aus. Die Vorstellung vom handwerklichen Wirken Gottes im Leib der individuellen Mutter wird von der archaischen Vorstellung der Entstehung des Menschen im Leib der Mutter Erde abgelöst. Sie wird so buchstäblich in noch größere, noch geheimnisvollere Tiefe verlegt. Der Mutterschoß der Erde wird in Vorderasien seit Beginn des 2. Jt. durch eine Ω-förmige Schleife symbolisiert. Noch im 7. Jh. v. Chr. hat man in Judäa den Kopf der Toten in ein Ω-förmiges Symbol gebettet (Keel 1989: vgl. Ijob 1,21; Sir 40,1). S. Abbildungen 5–8!

Die Activa, die in V. 13 den Entstehungsprozeß beschrieben haben, sind in V. 15 durch Passiva abgelöst. Das wirkende Subjekt

Abbildung 5a

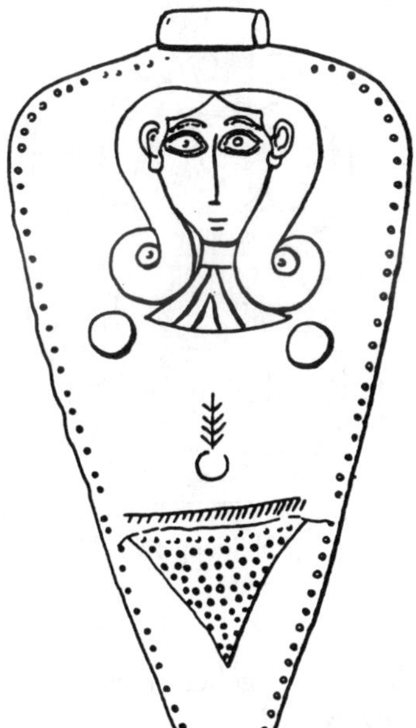

Abbildung 5b

Abbildung 6a

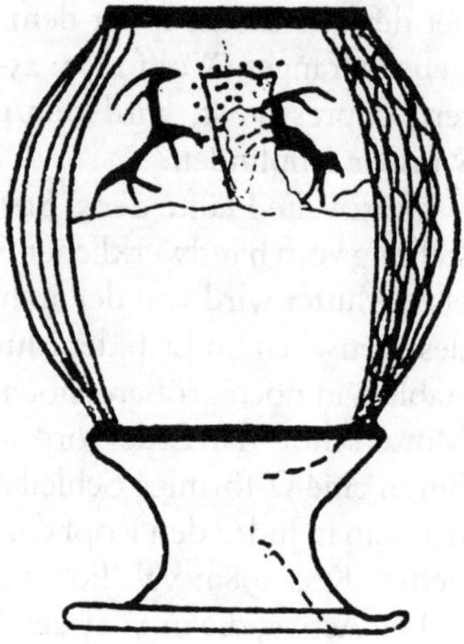

Abbildung 6b

Abbildung 7a

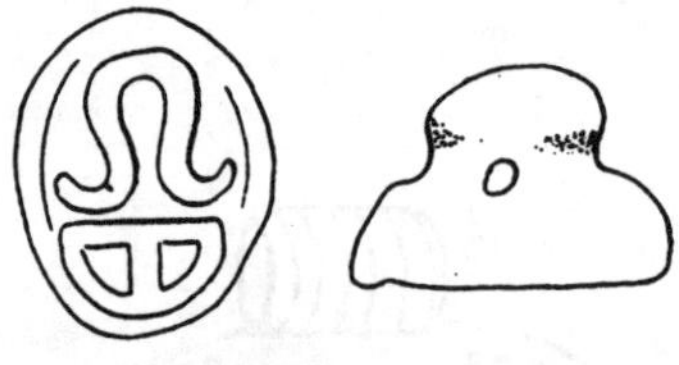

Abbildung 7b

Abbildung 7c

bleibt so in geheimnisvollem Dunkel. Während der Entstehungsprozeß in V. 13 mit »Weben« umschrieben wurde, wird es jetzt als ein »Gewirktwerden« aus verschiedenfarbigen Fäden geschildert, ein erheblich komplizierterer Vorgang. Was entsteht, wird in V. 16

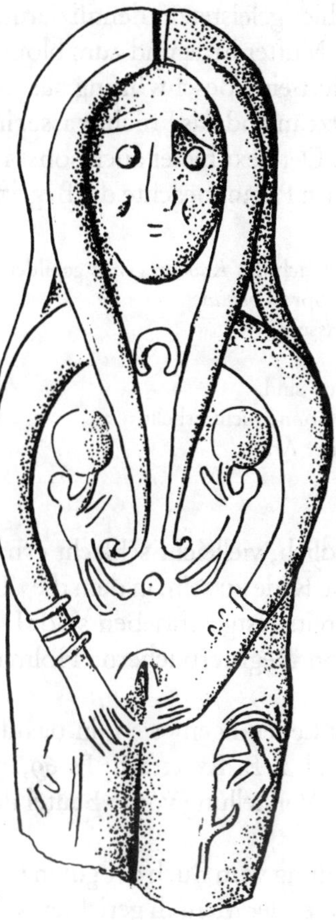

Abbildung 8a

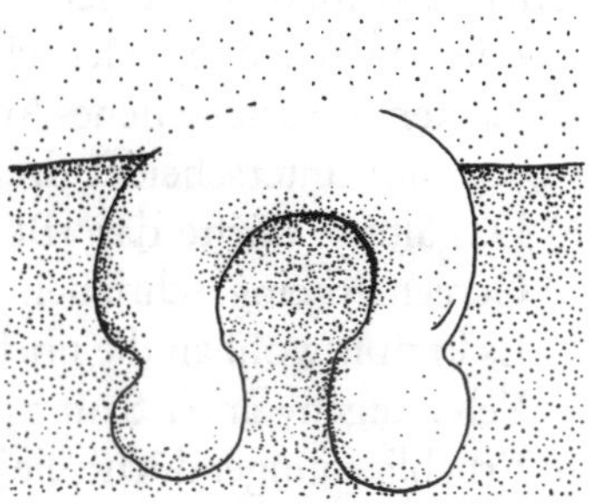

Abbildung 8b

mit dem Hapax legomenon *golem* bezeichnet. Der Geheimnischarakter des Entstehungsprozesses wird stark betont. Vor JHWH ist er nicht verborgen. Seine Augen haben den Embryo gesehen. Allerdings wird hier kein direktes und aktives Wirken JHWHs mehr vermerkt. Der Prozeß scheint ohne sein direktes Zutun, wenn auch nicht ohne seine Beobachtung und Billigung abzulaufen (vgl. Ps 90,2f.).

Eine sehr schöne Parallele zu der hier geleisteten Identifizierung des Mutterleibes mit dem Schoß der Mutter Erde und zum bloßen Zusehen des männlichen Gottes liefert eine Beschwörung aus der Akkadzeit, die den unterirdischen Ozean und das Fruchtwasser im Mutterleib miteinander identifiziert. Der Text bietet auch sonst interessante Parallelen zur 3. Strophe von Ps 139 (beachte die Begriffe in Kursivschrift!):

> »In den Wassern des Geschlechtsaktes hat sich das *Knochengerüst* gebildet,
> im Gewebe der Muskulatur hat sich der Sproß *gebildet.*
> In den wilden und *furchtbaren* Meereswassern,
> in den fernen Wassern des Ozeans,
> dort, wo die Arme des *Embryos* gebunden sind,
> am Ort, wo dessen *Tiefen* das Auge der Sonne nicht erhellt,
> dort hat der Sohn des Enki, Asarluchi (der Arzt),
> *seinen Blick auf es richten* können.«
> (van Dijk 1973)

V. 16b und c sind schwer verständlich, vielleicht schlecht erhalten. Es scheint da von einem Buch die Rede zu sein, in dem die »Tage« des entstehenden Menschen bereits festgeschrieben sind. Die Bibel kennt verschiedene Arten von Registerbüchern. Holman (1970: 199) unterscheidet drei:

a) Das älteste dürfte das »Buch der Lebendigen« sein, in das die Gerechten eingeschrieben sind (vgl. z.B. Ex 32,23f.; Ps 69,29). Es knüpft wohl an die noch ältere Vorstellung vom »Beutel der Lebendigen« an (1 Sam 25,29).
b) Erheblich jünger dürfte die Vorstellung vom Buch der guten und schlechten Taten sein, aufgrund derer der Mensch gerichtet wird (Jes 65,6; Dan 7,10).
c) Das Buch von Ps 139,16 scheint sonst erst in zwischentestamentlicher Zeit bezeugt (4 Esr 6,20). Es ist ein Buch, in dem das künftige Schicksal der Menschen im voraus aufgeschrieben ist. Es ist die letzte Konsequenz der Erfahrung und der Überzeugung, ganz und gar von Gott gewollt, bestimmt und im Innersten erkannt zu sein.

Stand in Strophe 3 wie schon in Strophe 1 des Handeln Gottes am betenden Subjekt im Vordergrund, wird nun in Strophe 4 wie schon in Strophe 2 wieder primär die Reaktion des Beters thematisiert.

17 *»Für mich aber, wie kostbar sind deine Gedanken,*
Gott, wie stark sind ihre Grundsätze.
18 *Fange ich an sie zu zählen,*
sie sind zahlreicher als der Sand.
Wache ich auf,
ich bin immer noch bei dir.
19 *Gott, wenn du doch den Verbrecher töten wolltest.*
Die Blutmenschen sollen von mir weichen,
20 *sie, die verleumderisch von dir reden,*
die deine Städte zum Verderben genannt haben.
21 *Soll ich nicht, JHWH, die Dich hassen, hassen?*
Mich ekelt vor denen, die sich gegen dich erheben.
22 *Ich hasse sie mit vollkommenem Haß.*
Sie sind mir zu Feinden geworden.«

Die vierte Strophe ist erheblich weniger homogen als die vorhergehenden. Neben dem Staunen über das Wunder der Beziehung zwischen Gott und dem Beter steht der Ausbruch von Haß gegen jene, die sie zu stören drohen.

Die »Gedanken« von V. 17a erinnern an die »Gedanken« von V. 2b. Dort war davon die Rede, daß Gott die Gedanken des Beters kennt. Jetzt kennt das betende Subjekt auch die Gottes. Es sind die gleichen. Ihre starken Anfänge oder Prinzipien liegen im Schöpfungswillen Gottes. Ihre letzte Konsequenz ist das kostbare Wissen des Beters/der Beterin darum. V. 18 erweckt den Eindruck, als ob das sprechende Ich bei ihrem Zählen über der Menge eingeschlafen sei. Beim Aufwachen ist es immer noch mit Gott.

Das »mit Dir« auch im Schlaf (und im Tod?), das schon in Ps 23 im Zentrum stand und in Ps 73 die definitive Überwindung der Krise signalisierte, steht hier am Ende und als Höhepunkt.

Im Hohenlied folgt zweimal auf die Beschreibung des innigsten Zusammenseins der Liebenden die Beschwörung, die Liebenden nicht zu stören (2,6f.; 8,3f.).

In den V. 19ff. scheint mir keine aktuelle Bedrohung des sprechenden Subjekts vorzuliegen, eher eine Bedrohung des eben geschilderten Verhältnisses durch den Skrupellosen, durch Blutmenschen, durch verleumderische Reden, wie sie in Ps 73 ausführlich geschildert wird (»Gibt es denn ein Wissen beim Höchsten?«). Das positive Verhältnis, das in der Erfahrung des Geschaffenseins begründet ist, wird durch das verbrecherische Treiben von Leuten, die bereit sind, ganze Städte zu verschachern (vgl. Am 1,6), schwer gefährdet. Die Frage, ob der Haß gegen solche Leute denn nicht richtig sei, läßt Unsicherheit ahnen. Sie wird durch eine erneute Bekräftigung seines Hasses überfahren. Die abschließende Aussage: »Sie sind mir zu (persönlichen) Feinden geworden« zeigt, daß es sich eigentlich nicht um persönliche Gegner handelt, sondern um solche, die durch ihre kriminellen Machenschaften den Glauben an einen sorgenden Schöpfergott zerstören. Wie schon bei Ps 73, wird erneut deutlich, daß das Religiöse vom Ethischen nicht abgekoppelt werden kann, wie aggressiv und problematisch diese Einsicht hier auch zum Ausdruck kommt.

Die abschließenden zwei Verse scheinen mir zu belegen, daß eine Deutung dieses Psalms von Ps 73 her die richtige Optik gewählt hat.

23 »Erforsche mich, Gott, und kümmere Dich um mein Herz
(meine Gedanken),
prüfe mich, Gott, und kümmere Dich um meine Sorgen!
24 Achte darauf, ob ein kränkender Weg (Plan) in mir ist,
und führe mich auf einem ewigen Weg.«

Das Ende von Ps 139 knüpft an den Anfang an. Aufgrund seines Schöpfungshandelns kennt Gott das betende Subjekt durch und durch. Das innige Verhältnis ist aber durch skrupelloses Tun in einer Weise gefährdet, die das sprechende Subjekt zutiefst erregt. Abschließend bittet es Gott, von diesem verderblichen Weg ferngehalten und auf einem Weg geführt zu werden, der wie in Ps 23 und 73, in denen auch von Führung die Rede ist, in die zeitlich unbeschränkte Welt Gottes mündet.

Zusammenfassende Würdigung

Die Versuche, den Text einer der traditionellen Gattungen zuzuordnen, stößt auf unüberwindliche Schwierigkeiten. Würthwein hat energisch für das »Gebet eines Angeklagten« plädiert (1957). Aber Wagner (1978: 359, Anm. 2) u. a. haben zu Recht auf die großen Unterschiede aufmerksam gemacht. Das betende Subjekt bezeichnet sich nicht als angeklagt. Vor allem ist darauf hinzuweisen, daß die Verbrecher und JHWH-Hasser in V. 19–22 keine persönlichen Gegner sind. Der Grund des Hasses ist der Haß der Gegner auf JHWH (Keel 1969: 124–129). Endlich fehlt die Bitte, Gott möge richten, Recht verschaffen oder ähnliches.

Der Psalm beschäftigt sich wie Ps 23 und 73 mit dem Verhältnis des Individuums zu Gott. Im Gegensatz zu diesen arbeitet Ps 139 weder mit geschichtlichen (Wüstenwanderung) noch mit kultischen (Heiligtum Gottes), sondern mit Schöpfungstraditionen. Sie bringen einen hymnischen Zug in den Psalm. Im Gegensatz zu Hymnen wie Ps 104 geht es aber nicht um die Erschaffung von Himmel und Erde. Entscheidend für das betende Subjekt ist hier die Überzeugung vom Mitwirken Gottes an seiner ganz persönlichen Entstehung. Sie ist der Grund für seine intime und unaufhebbare Verbundenheit mit Gott. Sehr eindrücklich findet sich dieses Theologumenon als Vertrauensmotiv in Ps 22,10f. Nur eine für positive Schöpfungstheologie fast blinde Exegese konnte die Bedeutung dieses Motivs für unsern Psalm übersehen (Bernhardt 1965).

Wie der Beter von Ps 73 kann auch der dieses Psalms im Gegensatz zu vielen sonntäglichen Kirchgängern den engen Zusammenhang zwischen mystischer Gottverbundenheit und Politik nicht übersehen. Ungerechtigkeiten in der Gesellschaft korrumpieren die Verbundenheit mit Gott. Ähnlich wie das Ich von Ps 73 sieht sich das von Ps 139 von daher gefährdet. Das Bewußtsein davon und die Angst davor brechen hier allerdings wie ein Vulkan über eine friedliche Landschaft herein. Die Angst macht sich in Vernichtungswünschen Luft. Es handelt sich nicht um Flüche, die magisch selbsttätig wirken. Die Rache bleibt Gott vorbehalten (Röm 12, 19).

Damit soll der Haß nicht gerechtfertigt werden. Aber man muß sehen, daß er nicht eigenmächtig handelt und einer Angst entspringt, die verrät, daß das betende Ich in seinem Vertrauen noch ungefestigt ist. Noch schlimmer ist allerdings, wenn das Vertrauen blind für Ungerechtigkeiten und so zu reinem Zynismus wird. Das ist in Ps 139 nicht der Fall.

Vom Schluß her betrachtet, ist der Psalm ein Gebet um rechte Führung auf dem Weg einer innigen Gottverbundenheit, die ihren letzten und tiefsten Grund im Bewußtsein hat, in seiner ganz individuellen Existenz von Gott geschaffen und so gleichsam *von innen her* engstens mit Ihm vertraut und verbunden zu sein.

Ps 139 ist allerdings auch lange und bis heute immer wieder als das große Gedicht vom furchtbaren Gott gelesen worden, der den Menschen Tag und Nacht *von außen* beobachtet und kontrolliert, um auf tausend Kleinigkeiten beleidigt, verärgert und strafend zu reagieren (vgl. etwa T. Moser, Gottesvergiftung, Frankfurt a. M. 1976, 13f. und 41ff.). Die erste Strophe wird dabei nicht als eine Art Rätsel gelesen, das in der zweiten gesteigert und in der dritten durch das offenbare Geheimnis des individuellen Geschaffenseins gelöst und als Quelle tiefsten Vertrauens gefeiert wird. Ps 139 wird als Gedicht vom »großen Bruder« gelesen, der eine erbarmungslose, totale Kontrolle ausübt. Aber das ist es nicht. Nicht Gott beobachtet mich. Eher beobachte ich Gott, wie er mich als Embryo formt. Er kennt mich von daher besser, als ich mich kenne. Ich nehme mich als Geschenk von ihm entgegen und lerne mich mit ihm zusammen allmählich kennen.

Das eigentliche Problem des Psalms liegt m. E., wie schon die Exegese der ersten Strophe zu zeigen versucht hat, nicht da, sondern in den haßerfüllten Vernichtungswünschen der vierten Strophe. Sie verraten etwas von den Schwierigkeiten einer derart intimen und intensiven Beziehung mit Gott, die in der Fragilität des menschlichen Lebens durch Ungerechtigkeit und soziale Verbrechen in ihrem hohen Anspruch als zynische Idylle entlarvt und so zerstört zu werden droht.

Vortragsanregungen

Ein Vortrag wird um unserer Zeitgenossen und um des aktuellen Zeugnisses von der biblischen Botschaft willen auf die ambivalente Rezeption des Psalmes hinweisen müssen, auch wenn die Frommen dort nicht gerade »der Schuh drückt«.

1. Ambivalente Rezeption

Wenn wir Ps 139 lesen, wird uns ein Gefühl der Zweideutigkeit beschleichen. Wenn Gott, der Herr, so vollmundig als die letzte und alles umfassende Geborgenheit gepriesen wird, muß das dem emanzipierten Zeitgenossen auch als die perfekte Kontrolle und größte Gefahr erscheinen, der wir uns besser entledigen sollten (man denke etwa an perfekte Geheimdienst-, Sicherheits- und Spionagenetze!). Wir können solche Ambivalenz an einzelnen Sätzen des Psalms festmachen. Wenn Gottes Hand ständig über mir ist, kann das ja auch als belastend empfunden werden (V. 5). Wenn die Erkenntnis seiner Allgegenwart mir zu hoch ist, ich sie ohnehin nicht begreifen kann (V. 6), kann ich dies ja auch als Kapitulation meiner Besinnung verstehen. Und wohin soll ich fliehen (V. 7)? Er läßt mich ja doch nirgends allein! Auf Schritt und Tritt bin ich bewacht. Freilich auch behütet! Denn Gott führt mich überall (V. 9–10), selbst in stockdunkler Finsternis (V. 11f.). Er hat mich wunderbar bereitet (V. 13–15).

Doch Verse 17f. scheinen wieder zu kapitulieren: Ich begreife es sowieso nicht. Also: bewacht und behütet? Es ist wohl wie in Hiob 14 so auch hier die Einsicht des Frommen in solche letzte Ambivalenz. Der eine wird sich, staunend über Gottes Allgegenwart, geborgen wissen; ein anderer erschrickt, wenn er merkt, er wird Gott nicht los. Das wird wohl abhängig sein vom Vorurteil, das sich in einem Menschen gebildet hat. Friedrich Nietzsche läßt Zarathustra zu dem »Häßlichsten Menschen«, dem Gottesmörder, sprechen: »Du erträgst den nicht, der dich sah, der dich immer durch und durch sah ... du nahmst Rache an diesem Zeugen ... du bist der Mörder Gottes.« Der häßlichste Mensch nimmt das auf und sagt: »Er mußte sterben«. Denn er sieht alles, und der Mensch kann es nicht ertragen, daß solch ein Zeuge lebt. Genau das ist die Empfindung vieler unserer emanzipierter Zeitgenossen. Schlimmer ist, wenn uns Gottesfürchtigen unterläuft, in der Weise von Ps 139 Gott als pädagogische Hinterlist ins Spiel zu bringen.

2. Menschsein in Verbundenheit mit Gott

Vom Christuszeugnis her und in seinem Dienst stehend, lesen wir mit gutem Grund Ps 139 vom andern »Vorurteil« her. Die in seinem

Dienst stehen, haben die Verheißung: »Siehe, ich bin bei euch alle Tage bis an der Welt Ende« (Mt 28,20). Und nun können wir erkennen, wie nur hier die Grundfragen meines Menschseins (philosophisch: die Transzendentalia) ihren Halt haben, die Fragen nämlich: Woher komme ich? Wer bin ich? Wohin gehe ich? Darin eingeschlossen ist immerhin die Konsequenz: Was soll ich? Lese ich so den Psalm, dann entdecke ich staunend eine geheimnisvolle Verbundenheit mit Gott. Du hast mich bereitet; »ich danke dir dafür, daß ich wunderbar gemacht bin …« (V. 14–15 usw.). Dann erlebe ich auch meine Welt so. »Von allen Seiten umgibst du mich …« (V. 5 usw.)

Muß ich dann nicht auch für meine Zeitgenossen, manchen Freund und manchen Gegner, sehen, daß die Flucht vor Gott eine Illusion ist, ja selbst der Gottlose Gott nicht los wird? Dann kann ich auch mit ganzem Ernst die Verse 19 bis 22 über die Gottlosen, Blutgierigen und Feinde lesen. Christen werden sie nicht rezipieren können, aber verstehen. Denn die Liebe Christi sucht auch und immer noch den Gottlosen, umfängt auch den Feind und schreibt den Blutgierigen noch nicht ab. Ich selbst aber bin nach solchem Staunen und schwerwiegenden Einsichten neu in Gottes Erbarmen geworfen.

3. Dein will ich sein

Solches gibt der Beter des Psalms bis heute mit den Versen 23 und 24 zu erkennen. Dein will ich sein, dein ganz allein. Und bin ich auf falschem Wege, so befehle ich mich Gottes Barmherzigkeit an und bitte »leite mich auf ewigem Wege« (V. 24). Daß es auch anders geht, zeigen die Verse 19 bis 22. Nur geht so kein Weg des Lebens! Denn solches Leben ist von Blut befleckt, von Haß und Unversöhnlichkeit begleitet. Wir aber bitten: »Laßt euch versöhnen mit Gott!« (2 Kor 5,16–21). Das kann ich bitten, wenn mein Staunen über die Unentrinnbarkeit von Gott zu solchem Gottvertrauen führt, daß ich ihm mein Herz und meine innersten Gedanken auch nicht entziehen will. Denn ich weiß ja: Mensch bin ich nur vom DU Gottes her. Der jüdische Theologe Martin Buber hat das zum Axiom seines Nachdenkens über Gott und den Menschen gemacht. Nicht hier ICH und dort ER, nämlich Gott, der Herr; auch nicht dort ES als schicksalbestimmendes Prinzip (V. 16), sondern »unterreden kann er (der Mensch) sich mit ihm«, wie eben hier im gesamten Psalm.

Gesprächsanregungen

Einstiegsmöglichkeiten

Der Leiter zeigt ein Bild, das eine Grenzkontrolle oder eine andere strenge Beobachtung darstellt.

Möglich ist auch eine Einstiegsgeschichte wie diese: Es war in Erfurt Ende Dezember 1989. Eines Morgens erreichte uns ein Anruf. Wir werden gebraucht, es geht um das »Stasi«-Gelände in der Andreasstraße. Wenig später stehen wir in der eiskalten Morgenluft. Die Tore sind fest verschlossen, die Gitter sind heruntergelassen. Es passiert nichts, lange Zeit nichts. Dann wird der Wachtturm an der Ecke besetzt. Die automatischen Kameras über dem Eingang bewegen sich, man nimmt uns ins Visier.

Wir bedenken Psalm 139: Inwieweit kann man Psalm 139 mit Gedanken an Geheimdienst und ähnliches lesen? Wo ist der erste Vers im Psalm zu finden, der aber dazu quersteht? Vielleicht sind es die Verse 5 und 6, oder ist es Vers 10? Auf jeden Fall stolpert man aber über Vers 14; denn der »Stasi« dankte man nicht.

Inhaltliche Erarbeitung

Es gibt große Unterschiede zwischen dem Auge Gottes und dem Auge der Überwachungskameras. Die Gruppe spricht über solche Unterschiede zwischen dem Auge Gottes, dem Auge des Bruders und dem Auge der Überwachung. Unterschiede liegen im Ziel und besonders in der Methode. Freilich muß man auch bedenken, daß das Bild vom Auge Gottes sehr mißbraucht werden kann, wenn Menschen dadurch verängstigt werden.

Ein anderes Gesprächsthema könnten Fragen von Bildung und Erziehung sein, an denen wir das Gespräch über unseren Psalm konkretisieren könnten. Überall sind Waldorf-Schulen im Gespräch. Was bedeutet dies für das Leistungsdenken und speziell für »Leistungskontrollen« in der Schule? Eine Forderungspädagogik kommt ins Zwielicht. Vielleicht kann man den Psalm mit der Anregung lesen: Was ist aus ihm für die Pädagogik hilfreich, was ist problematisch?

Welche anderen Bilder des Psalms müssen neben dem Bild der Kontrolle bedacht werden? In Vers 16b – dies sollte in den Blick genommen werden! – handelt es sich *nicht* um ein Kontrollbuch, sondern ein Lebensbuch (»Gott schreibt das Drehbuch unseres Lebens«). Die Gruppe trägt alle Psalmaussagen zusammen, die nicht zum Bereich der Kontrolle gehören, und bedenkt sie. (Für das Gespräch über die Verse 19–22 sei auf die Exegese verwiesen!)

Thematische Weiterführung

Im Mittelpunkt des Psalms steht der Gedanke der Fürsorge. Nur von dem, dem ich ganz vertraue, lasse ich mir »in die Karten« sehen. Der Psalm endet mit den Versen 23 und 24 und so mit der ausdrücklichen Bitte des Beters: Erforsche mich, Gott, und erkenne mein Herz.

Diese Worte werden oft in der Beichte verwendet. Die Gruppe spricht über Möglichkeiten zur Umkehr: Was stimuliert einen Menschen eigentlich, sein Leben neu zu orientieren? Wie kann ich dabei anderen am meisten helfen?

Die Gruppe arbeitet abschließend nochmals heraus, was über das Verhältnis von Gott und Beter und umgekehrt über das Verhältnis des Beters zu Gott im Psalm gesagt wird. Inwieweit entspricht dies unseren Erfahrungen?

Aus der Praxis

(1) Der Psalm wurde meditativ gelesen.

(2) Es folgten knappe Erläuterungen zu folgenden Sinnabschnitten: V. 1–6. 7–12. 13–16. 17–18. 19–22. 23–24 (s. Exegese). Darüber hinaus wurde angedeutet:

- Während die Neuzeit (erinnert wurde an Jean Paul und Friedrich Nietzsche) Gott häufig als Traum deutet, weiß unser Psalm: Gott ist Realität.

- Die Aussagen von Psalm 139 werden heute gern als solche über einen großen Sicherheitsbeamten – »Der große Bruder hört alles!« – verstanden (vgl. Tilman Moser), aber der Psalm möchte *trösten*, nicht einschüchtern.

(3) Nach diesen knappen Erläuterungen sollte in 3 Gruppen über jeweils eine der folgenden Fragen nachgedacht werden:
- Welche Erfahrungen bezeugt der Beter? (Gruppe 1)
- Welche Probleme verbinden sich mit dem Satz »Der liebe Gott sieht alles«? (Gruppe 2)
- Darf ich hassen? (zu V. 19ff. – Gruppe 3)

(4) Die Entdeckungen der Gruppen: »Der Beter weiß sich bei Gott geborgen ... er hat Hilfe empfangen, ohne Maske leben zu können. Er weiß: In den Abläufen der Natur zeigen sich Gedanken Gottes.« (Gruppe 1) – »Wenn ich krank bin, kann ich mich fallen lassen ... In der Gruppe überwog die Meinung, daß Psalm 139 *tröstenden* Charakter hat.« (Gruppe 2) – »Ich darf hassen. Aber ich sollte meinen Haß nicht in Rache, sondern in Verständnis für den anderen umschlagen lassen.« (Gruppe 3)

Vergleichstexte

Mittag Deiner Gegenwart

Herr, mein Gott! Du weißt es, wenn ich niedersitze, und weißt auch, wenn ich mich erhebe. Du kennst meinen Schlaf, und Du kennst mein Erwachen.

Im Schoß meiner Mutter, noch bevor ich meinen Weg begann, kanntest Du mich.

Wo könnte ich mich vor Dir verstecken? In aller Welt ist kein Platz und nicht im Schoß der sieben Meere, wo ich mich verbergen könnte vor Deinem Angesicht.

Und wenn ich zu den Wolken flöge? Du bist schon vor mir dort. Und wenn ich mich ins Meer versinken ließe? Auch dort ist Deine Hand bereit, mich aufzufangen.

Tag und Nacht sind gleich vor Dir, denn wo immer Du bist, ist Mittag des Lebens und Helle. Amen.

Solomon Raj (Indien)

Christus alles in allem

Ich weiß nicht alles über Dich. Aber Du weißt alles über mich, meine Probleme und ihre Lösungen.

Ich habe Dich nicht so wie Bilderanbeter ihre Götzen. Aber Du hältst mich in Deinen Händen.

Ich liebe Dich nicht mit allen Fasern meines Herzens. Aber Du liebst mich so sehr, daß ich Deine Gegenwart jederzeit fühlen kann.

Ich vertraue Dir manchmal nicht. Aber Du hast mir vertraut und mich zum Hüter meines Bruders gemacht.

Ich habe nur einen begrenzten Glauben. Aber Deine Gnade ist grenzenlos.

Herr Jesus, ich danke Dir, daß Du mich so gut kennst und Dich mir bekannt gemacht hast. Ich danke Dir, daß Du mich sicher in Deinen Händen hältst. Ich danke Dir, weil ich Deine Gegenwart überall fühlen kann. Nimm mich als Deinen demütigen Diener an. Amen.

Johnson Gnanabaranam (Indien)

Bist Du weggegangen?

Herr, plötzlich scheint alles so weit weg zu sein, so fern, so anders. Wir sehen Dich nicht mehr um uns herum. Wir durchsuchen alle Winkel unseres Hauses, Du bist nicht mehr da. Wir betrachten unsere Nachbarschaft, Du scheinst Dich zurückgezogen zu haben. Wir untersuchen unseren Arbeitsplatz, Du bist dort verschwunden. Wir suchen Dich in der Kirche, auch von dort scheinst Du weggegangen zu sein. Wir fragen im Parlament nach, Du bist nicht dort zu finden.

Wir sehen uns um, früher warst Du hier. Aber jetzt bist Du fortgegangen. Du scheinst so weit entfernt zu sein, weit weg von uns.

Herr, bist wirklich Du es, der weggegangen ist?

M. A. Thomas (Indien)

Wir sehen Dich dort

Herr, wir wundern uns, halten den Atem an und trauen unseren Augen nicht, wenn wir Dich an so vielen Stellen erkennen:

Wir sehen die verhungernde Familie in Dacca und erkennen Dich dort.

Wir sehen die Studenten in den Gefängnissen von Seoul, wir sehen die Verstecke der palästinensischen Guerillas und erkennen Dich dort.

Wir sehen die Krawalle um Lebensmittelpreise in Gujarat, wir sehen die Nachtklubs von Tokio, wir sehen die Spielkasinos von Paris und erkennen Dich dort.

Wir sehen Rauch und Qualm über dem Ruhrgebiet, sehen die Ölfelder von Kuwait und erkennen Dich dort.

Wir sehen die verrückten Autofahrer zwischen den Wolkenkratzern von New York, das Durcheinander in den Straßen Manilas, die Gassen von Shanghai, die Favelas von Rio de Janeiro, die Strände der Karibischen See, die Bergwerke von Wales und erkennen Dich dort.

Wir sehen die Plantagen Angolas, die sowjetischen Kolchosen, Auseinandersetzungen in Zimbabwe, australische Eingeborene, die Mietskasernen in Singapore, die Rikscha-Fahrer in Djakarta und erkennen Dich dort.

Herr, wir wundern uns, halten den Atem an und trauen unseren Augen nicht, da wir Dich dort überall erkennen. Wir bitten Dich: Bleibe dort.

M. A. Thomas (Indien)

Ich bin jetzt einfach einen Moment kleinmütig gewesen ... Es ist Nacht ... Plötzlich empfinde ich Freude – ich habe das Verlorene wiedergefunden ... Ich verspüre den heftigen Wunsch, all meine Freude vor jemandem auszubreiten ... Aber vor wem? ... Aber die Freude drängt. Wie schade, daß niemand da ist, der sie versteht ... Niemand? Ich vollführe beinahe einen Luftsprung über meine einfache Entdeckung. Für einen Ungläubigen ist niemand da, er ist übel dran! Für einen Gläubigen ist einer da! Ihm steht allezeit ein geduldiger, feinfühliger, ergebener und alles verstehender Gesprächspartner zur Verfügung. Jederzeit ist er bei dir, öffne ihm deine Seele. Ich erhebe mich von meinem Bett ... In Unterhemd und Unterhosen, fröstelnd, nachdem ich unter der warmen Bettdecke hervorgekommen bin, lasse ich mich mit nackten Knien auf den kalten, abgetretenen, knorrigen Fußboden nieder.

»Ich glaube, o Herr«, flüsterte ich, »ich glaube daran, daß es dich gibt. Ich glaube, daß du die Planeten nicht unnütz mit Menschen besiedelt und die Menschen nicht unnütz mit Verstand beschenkt hast. Ich glaube, daß es irgendeinen hohen Sinn, irgendein Endziel gibt. Ich mache mir keine Hoffnung, dieses zu begreifen und zu erkennen, doch ich glaube, daß es etwas gibt, dessenthalben wir geboren werden und sterben und dessenthalben Generation auf Generation folgt. Ich glaube daran, o Herr, daß ich selbst zu etwas nütze bin, glaube jetzt sogar, woran ich stets gezweifelt habe – an meine Kraft und die Richtigkeit meines Tuns!« ...

Unverhofft für mich selbst endet mein Gebet. Das erste Gebet in meinem Leben, das erste Wort zu Gott, ein wahrer Beweis, daß er, mein Gott, existiert.

Leicht verwirrt knie ich noch, spüre die harten, unebenen Dielen, dann erhebe ich mich. Ich habe sozusagen die mir aufliegende, mich fortwährend quälende, mein Leben belastende Schuldigkeit getan – mein Gewissen ist rein, ich kann den Menschen in die Augen sehen, ohne mich zu schämen ... Zitternd vor Erregung, lege ich mich wieder auf meine harte Matratze, decke mich behaglich zu. Und während ich an die stille Erde im Mondlicht denke, schlafe ich ein.

Das erste Gebet in meinem Leben ...

W. Tendrjakow

Juri Rylnikow, Redakteur einer kommunistischen Jugendzeitung, entdeckt – so erzählt W. Trendrjakow in der »Apostolischen Dienstreise« eine Bibel und wird durch ihr Wort aus seinem bisherigen Leben geworfen. Der vom Wort Ergriffene wird der Nähe Gottes gewiß.

4. Abend
Besorgt – staunend
Psalm 104

Auslegung
Gottes großes Haus mit den vielen Wohnungen / Jedes Lebewesen hat seinen Ort und seine Zeit

Mit diesem Psalm lassen wir jene Gebete hinter uns, die sich weitgehend auf das Individuum und seinen Gott konzentrierten (Ps 23, 73, 139). Bereits Ps 139 hat zwar die Daseinszuversicht des Individuums im Schöpfungsgeschehen verankert. In Ps 104 aber geht es nicht mehr um einen einzelnen Menschen, sondern um die Schöpfung als Ganzes.

Text

Der Psalm hat kein problematisches Vokabular und weist kaum textkritische Probleme auf. Es wird deshalb keine eigene Übersetzung geboten.

Aufbau

Am Anfang und am Schluß des Psalms fordert das betende Ich seine *nefeš*, seine »Lebenskraft«, seinen »Lebenswillen«, seine »Lebensleidenschaft«, ja seine »Lebensgier« auf, den Herrn zu preisen. Diese Selbstaufforderung zum Lob findet sich enger mit dem Corpus des Psalms verbunden am Anfang und Schluß von Ps 103. Sie scheint von dorther auf Ps 104 übertragen zu sein. Damit fordert der Beter sich selber auf, das große Lob auf die Schöpfung sich ganz persönlich zu eigen zu machen.

Bei den meisten Hymnen lassen sich klar zwei Teile unterscheiden: der Aufruf zum Lob und die häufig mit *ki* »denn« eingeleitete Begründung (vgl. den Miniaturhymnus Ps 117). Einzelne Hymnen bestehen fast nur aus dem Aufruf zum Lob (Ps 150), andere, wie Ps 104, fast ausschließlich in der Beschreibung dessen, was die Begeisterung und den Lobpreis veranlassen und begründen. Ps 104 scheint ursprünglich mit dem bewundernden *»JHWH, mein Gott, Du bist sehr groß! Mit Hoheit und Pracht hast Du Dich bekleidet!«* eingesetzt zu haben (Seybold 1984: 4f.). Der Wunsch in V. 31 *»Die Herrlichkeit JHWHs möge ewig dauern! JHWH möge sich seiner Werke freuen!«* kann dann als Antwort darauf verstanden werden.

Der Aufbau des großen Hauptteils muß weitgehend ohne die helfenden Hinweise gliedernder Partikel, wie sie z. B. in Ps 73 häufig sind, gefunden werden. Auch die Beachtung der Sprechsituation, die in Ps 23 nützlich war, hilft hier nicht weiter. Zwar wird in Spitzenaussagen Gott in 2. Pers. angeredet und dann über ihn und seine Werke wieder in 3. Pers. gesprochen, aber diese Wechsel scheinen nicht auf einen festen Plan zurückzuführen zu sein. So bleibt nur die Möglichkeit, vom Inhalt her zu gliedern (vgl. Steck 1978: 174, Anm. 3; 182–189). Dabei müssen, um ein unbegründetes Zerreißen des Textes, wie es bei Spieckermann (1989: 24–43) geschieht, zu vermeiden, gängige biblische und altorientalische Motivkombinationen berücksichtigt werden (vgl. die Einführung).

1b–4 beschreiben den *Himmel* und Gott als himmlischen Herrscher, wobei Licht, Wolken, Winde, Blitze usw. als seine Attribute erscheinen,

5–24 die *Erde* (vgl. das Stichwort *ha-'ares* in V. 5.9.24) und

25–26 das *Meer* samt dem Leviatan.

Der große Block, der der Erde gilt, läßt sich seinerseits wie folgt gliedern:

5–18 schildern die Einrichtung der Erde als Wohnbereich für die Lebewesen. Entscheidend ist der Wasserhaushalt (Seybold 1984: 1), dessen Einrichtung in zwei Schritten beschrieben wird:

5–9 erinnern an die Gründung der »Erde« (vgl. *ha-'ares* in V. 5a.9b) und die Vertreibung der Chaoswasser von ihr.

10–18 Quellen, Bäche, Regen schaffen verschiedene Lebensbereiche (Biotope) für Pflanzen, Tiere und Menschen, von denen speziell die engen Täler »zwischen den Bergen« (10–12), die »Berge« mit der Regenlandwirtschaft (13–15) und der Libanon bzw. generell die »hohen Berge« (16–18) genannt werden.

19–23 erweitern die räumliche Organisation des Lebensbereiches um die zeitliche Dimension, vor allem Tag und Nacht, die wiederum verschiedene »Biotope« darstellen.

24 feiert abschließend die große Zahl und die Weisheit der Werke, die die *Erde* erfüllen.

Von den drei Bereichen Himmel (V. 1–4), Erde (V. 5–24) und Meer (V. 25–26) nimmt die Erde den weitaus größten Raum ein.

Wenn in den V. 27–30 von Gottes fundamentaler Sorge um die Lebewesen geredet wird, ist vor allem an die des festen Landes gedacht, wie der »Staub« in V. 29 und die »Ackererde« in V. 30 verraten, ohne daß die andern, etwa die im Meer, ausgeschlossen wären. Steck (1978) sieht sehr richtig, daß das Thema der Lebensermöglichung den ganzen Psalm dominiert. Der Himmel mit seinem »Obergeschoß«, den Wolken und Winden, bietet die Voraussetzungen für die Versorgung der Erde (vgl. das »Obergeschoß« in V. 13) mit ihrem Gewimmel von Lebewesen, das sich gleichsam ins Meer fortsetzt (vgl. V. 24–25). In der ständigen Erneuerung dieses Gewimmels ist der Atem Gottes zu spüren.

V. 27 weist auf V. 21 (ihre Speise), V. 28 auf V. 16 und 13 (satt werden) und V. 29–30 auf V. 4 (Wind, Atem) zurück. Der Sinn dieser Ansätze zum Chiasmus ist: Wie Gott für diese und jene sorgt, so sorgt er für alle.

V. 31 kann, wie bereits gesagt, auf V. 1b zurückverweisen und als ursprünglicher Abschluß verstanden werden.

Weisen die V. 1b–31 eine klare Gliederung und einheitliche Thematik auf, die von der sekundären Klammer V. 1a.35b zusammengehalten werden, so wirken die V. 32–35a wie Glossen, Bemerkungen und Kommentare nach dem Verklingen des gewaltigen Oratoriums.

Schon der Wunsch, Gott möge sich seiner Werke freuen (V. 31b), evoziert die Möglichkeit, das könnte auch anders sein. Die Art von Theophanie, die V. 32 beschwört, vergegenwärtigt den Richter, der bei Störungen eingreift (vgl. Am 1,2; Ps 97,5; 144,5). Möge er sich freuen und nicht zum Eingreifen genötigt sein.

In V. 3f. gelobt der Sänger für seinen Teil, daß er JHWH zeit seines Lebens singen und ihn so erfreuen will, und er hofft, daß JHWH an ihm ebenso Gefallen finde wie er an JHWH.

Am merkwürdigsten wirkt der Wunsch in V. 35, Sünder und Skrupellose möchten von der Erde verschwinden. Er kommt ähnlich abrupt wie in Ps 139 die V. 19–22. Wie dort, provoziert die schöne Schilderung eines heilen Zustands die Frage nach dem Bösen. Es müssen hier nicht nur ängstliche Bedenken, das System könnte gestört werden, am Werk sein (Seybold 1984: 6). Es kann sich in diesem Nachtrag auch der gesunde biblische Realismus melden, der das Böse nicht einfach übergangen oder gar verdrängt sehen will.

Traditionen und Erfahrungen

Der Psalm ist eines der klassischen Zeugnisse für das biblische Weltbild. Dieses ist in der Neuzeit oft graphisch dargestellt worden. Das Problem aller dieser Darstellungen liegt darin, daß sie die theologisch-religiösen Elemente ausblenden. Das Resultat ist ein rein technisches Weltbild, das reichlich naiv wirkt und nicht funktioniert (Keel 1984: Abb. 57). Man rechtfertigt es dann mit der kindlichen Denkweise der Alten. Wer je wirkliche altorientalische Weltbilder genauer angeschaut hat (Keel 1984: Abb. 8–55), weiß, daß sie nicht kindlich naiv sind, sondern angesichts der fehlenden naturwissenschaftlich gesicherten Erkenntnisse stark spekulativ und symbolisch. Die große Chiffre für das Geheimnis der Welt ist Gott. S. Abb. 9 u. 10!

V. 1b–4: Dieses Geheimnis ist groß und in majestätische Pracht gehüllt. *hod w^{e}hadar* »Pracht und Herrlichkeit« umgeben den König (Ps 21,6; 45,4f.), der den ganzen Reichtum und Glanz eines Volkes verkörpert. Statt in Gold und gestickte Stoffe hüllt Gott sich in das Licht des Himmels. Der 1. Timotheusbrief redet vom unzugänglichen Licht, in dem Gott wohnt (6,15f.). Den Himmel hat er

Abbildung 9

wie ein Festzelt ausgespannt (vgl. Hhld 1,5). Welcher Himmel da gemeint ist, ist nicht klar. Denn die Wasser, in die hinein Gott sein Obergeschoß (vgl. Ri 3,23) gebaut hat, müssen die Wasser über dem Firmament sein. Die Deutung der Wolken als Gefährt, des Sturms als eines geflügelten Tragtiers, der Winde als Boten und der Blitze als Diener erinnern an die Theophanie in Ps 18,10–16, nur daß dort alles viel dramatischer eingeführt wird. Hier in Ps 104 geht es nicht um ein kämpferisches Eingreifen, sondern darum, im blauen ausgespannten Himmelszelt das Geheimnis göttlicher Pracht

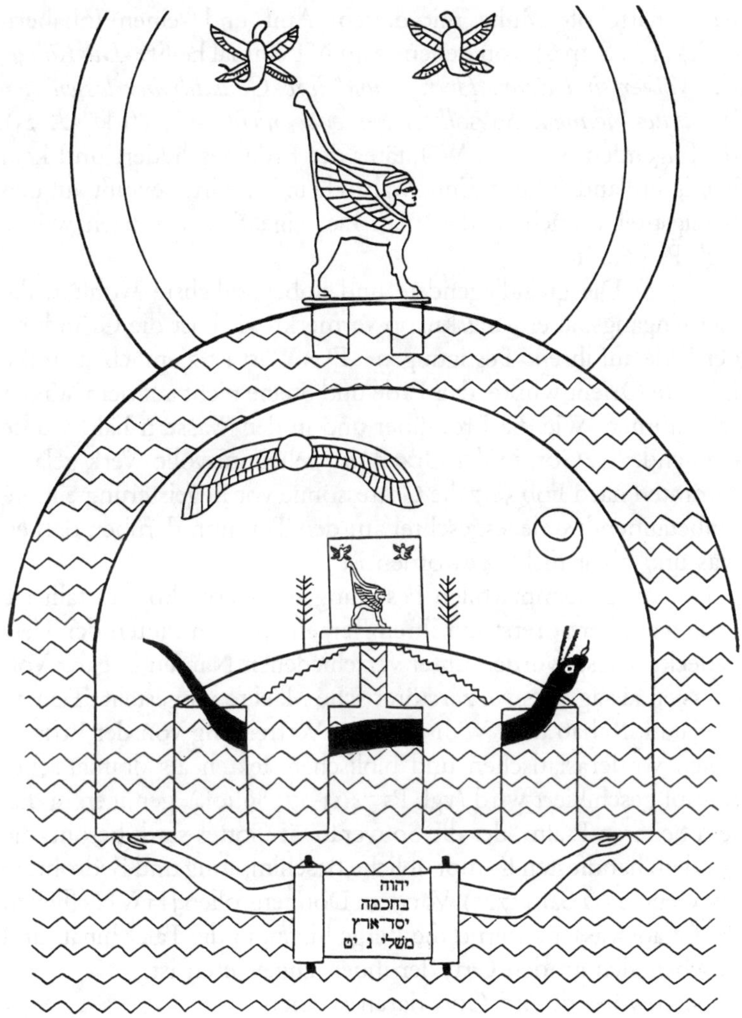

Abbildung 10

zu ahnen (Ps 8,2; 19,2) und das Hochgemach, die Wolken und Winde als Voraussetzungen der göttlichen Welterhaltung zu begreifen.

Bemerkenswert ist angesichts der königlichen Prachtentfaltung und Attribute das Fehlen des Königstitels. Schon das alte

Israel hatte oft Mühe mit diesem Amt und seinen Inhabern (vgl. z. B. 1 Sam 8), von denen es im NT einmal heißt: *»Die Könige der Völker sind deren Herren, und ihre Gewalthaber lassen sich Wohltäter nennen. So soll es bei euch nicht sein!«* (Lk 22, 25). Im folgenden wird der Wohltäter der Erde geschildert und kein König im landläufigen Sinn. Wahrscheinlich wird bewußt auf den Königstitel verzichtet, den man hier eigentlich erwarten würde (vgl. Ps 96,6–10).

V. 5–9: Die grundlegendste und unbegreiflichste Wohltat, die hier eingangs, aber ganz knapp vermerkt wird, ist die Gründung der Erde auf ihren »Festigungen«. Das Wort ist ziemlich abstrakt. Der alte Orient wußte, daß Erde und Steine nicht auf dem Wasser schwimmen. Wie die Erde über und in den Wassern hält, wußte niemand. Als Gott in der Urzeit das geheimnisvolle Werk gelang, stimmten nach Ijob 38,7 die Gottessöhne vor Begeisterung ein ohrenbetäubendes Siegesgeschrei an: den Triumph darüber, daß etwas und nicht nichts geworden ist.

Die auf geheimnisvollen Festigungen unverrückbar installierte Erde war aber vorerst mit ihren Bergen von den Fluten der Tiefe bedeckt. Diese wurden unter verschiedenen Namen in ganz Vorderasien als aggressive, zerstörerische Mächte vorgestellt: Tiamat, Leviatan, Rahab usw. Während ihre Vertreibung von der Erde in vielen vorderasiatischen und biblischen Texten als dramatischer Kampf geschildert wird (vgl. Ps 74,13–17; 89,10f.), genügen in diesem heiteren Psalm, der die Souveränität Gottes stark betont, die vor dem handfesten Kampf übliche Beschimpfung und Bedrohung des Gegners (1 Sam 17,25). Vor dem Donnergrollen JHWHs fliehen die Chaoswasser zitternd die Berge hinan, in die Täler hinab und kuschen sich an den Ort, der ihnen zugewiesen ist.

Beschwörend wird Gott daran erinnert:

»Eine Grenze hast Du gesetzt.
Sie dürfen sie nicht überschreiten.
Zurückkehren dürfen sie nicht mehr,
um die Erde wieder zu bedecken.«

In dieser beschwörenden Zeile spürt man noch etwas von der irrationalen, den Menschen in seiner ganzen Tiefe erfassenden

Angst, die sich einstellte, wenn sich über der Erde ein Gewölk zusammenballte (Gen 9,14) oder das Tosen des Meeres lauter wurde (Lk 21,25). Katastrophenerfahrungen verbanden sich mit der Angst vor der zerstörerischen Aggressivität und den chaotischen Kräften im eigenen Innern. Die zerstörerischen Chaoswasser mußten bewacht werden (Ijob 7,12), sollten sie nicht eines Tages wieder die Erde überfluten und wie bei der Sintflut alle Lebewesen unter ihren toten Massen begraben. Wie unheimlich den biblischen Menschen das Meer als Symbol aller grauenvollen Bedrohungen war, zeigt noch die Vision vom neuen Himmel und der neuen Erde in der Offenbarung (21,1), in der das Meer keinen Platz mehr hat.

V. 10–18: Nachdem die Erde gegründet und ihre Erhebungen (Berge) vor künftiger Überflutung geschützt sind, schließt sich, wie oft in der altorientalischen Überlieferung, die dritte große Wohltat an, ihre Bewässerung. Die gleiche Reihenfolge haben wir etwa in Ps 65,7–10: Festmachen der Berge (statt »Erde«), Eindämmung der Meeresfluten, Bewässerung des von den Chaosfluten befreiten Landes (vgl. Ps 46,4f.; 74,14f. und »Zur Einführung«).

Das bewohnbare Land, das Ps 65,7 als »Berge« bezeichnet, wird in Ps 104,10–18 in drei Zonen eingeteilt: a) die Täler zwischen den Bergen, b) die Berge und c) die hohen Berge von der Art des Libanon.

Die *Täler* werden von Quellen bewässert, und da es sich bei *n^{e}halim* um steile, schluchtartige, schwer zugängliche Täler handelt, von wilden Tieren, speziell Wildeseln (eigentlich Onagern), und allerhand Vögeln bewohnt, die ihre Nester in den Büschen und Bäumen haben, die den Bächen entlang reichlich zu finden sind.

Die *Berge*, mit denen nicht felsige Gipfel, sondern die Höhenzüge von der Art des »Gebirges« Juda oder Ephraim gemeint sind, bewässert Gott aus seinem Obergeschoß mit Hilfe des Regens. Sie stellen par excellence *die Erde* dar (V. 13). Es ist der Bereich des Menschen, der da Viehzucht und Ackerbau treiben kann. Als seine Hauptprodukte werden Brot, Wein und Öl genannt: Brot als Grundnahrung, Wein zur Freude (vgl. Ri 9,13) und Öl für die festliche Körperpflege (Ps 133,2; Pred 9,8).

Auf nicht näher spezifizierte Weise werden auch die JHWH-

Bäume (Superlativ!), die gewaltigen Koniferen (Zedern, Kilikische Tannen) auf den *hohen Bergen* satt. Ihre ungewöhnliche Größe wird damit begründet, daß Gott sie höchst eigenhändig gepflanzt hat. Der Libanon erscheint hier, wie auch sonst in der biblischen und altorientalischen Tradition, als eine Art Gottesgarten (vgl. z. B. Ez 31,9.16.18). Es ist ein Bereich, der dem Menschen vorenthalten, den Steinböcken und Klippschliefern als Zuflucht reserviert ist. Nur Tyrannen und Ausbeuter dringen da zerstörend ein (2 Kön 19,23ff.). Das Gilgameschepos schildert, wie der Titelheld und sein Gefährte Enkidu in den Zedernpark eindringen (vgl. zum Ganzen Stolz 1972).

V. 19–24: Nicht nur der Raum, auch die Zeit ist in Lebensbereiche gegliedert, die ihrerseits bestimmten Lebewesen zugewiesen sind. Mond und Sonne fungieren als »Uhren«. Die »(Fest)zeiten«, die der Mond anzeigt, werden nicht näher spezifiziert. Die Sonne bestimmt den Rhythmus von Nacht und Tag. Die Nacht ist dem wilden Getier zugewiesen, das dann seine Beute sucht, der Tag dem Menschen und seiner Arbeit auf dem Felde.

Chaoskampf und Gottesgarten sind nachweislich vorderasiatische Themen. Mit dem Sonnenlauf und seinen Wirkungen auf alle Lebewesen hat sich vor allem die ägyptische Sonnenhymnik beschäftigt (Assmann 1975: 97–252). Der Aton-Hymnus aus el-Amarna ist nur das bekannteste Beispiel. Der mögliche Zusammenhang zwischen ihm und Ps 104 wird von den Exegeten in regelmäßigen Abständen immer wieder diskutiert (vgl. z. B. Nagel 1950; Bernhard 1969; von Nordheim 1979; Spieckermann 1989: 21–49). V. 24a z. B. findet sich wörtlich im Aton-Hymnus (vgl. Assmann 1975: 218 Z. 76). Die Abhängigkeit aller Lebewesen vom Einen und die liebevolle Beschäftigung mit einzelnen Lebewesen, die sich so in andern Psalmen nicht finden, dürften auf diese ägyptische Tradition des Lobpreises zurückgehen. Die Chaoskampf- und Gottesgartentradition (Libanon), die in Ps 104 mit den ägyptischen Motiven verbunden sind, lassen aber an eine phönizische Vermittlung denken. Nach Phönizien könnte auch das positive Verhältnis zum Meer und zur Schiffahrt in den V. 25–26 hinweisen (siehe gleich), vielleicht auch die Tatsache, daß bei den Biotopen weder Küstenebene noch Hügelland (Schefela) genannt werden.

V. 24 schließt den Abschnitt über die Erde mit dem bewundernden Ruf: *»Wie zahlreich sind Deine Werke, Herr! Mit Weisheit hast Du sie alle geschaffen! Die Erde ist voll von Deinem Besitz!«* In V. 24c fällt zum letzten Mal das Stichwort »Erde« und schließt den langen Abschnitt von V. 5–24.

V. 25–26 sind durch das *»Gewimmel ohne Zahl«* in V. 25 mit den zahlreichen Werken in V. 24 verknüpft. Die Zäsur zwischen Erde und Meer ist so weniger markant als die zwischen Himmel und Erde in V. 4–5. Das ist um so erstaunlicher, als in der Bibel »Himmel und Erde« sonst die heile Welt ausmachen, während das Meer, wie oben zu den V. 5–9 dargetan wurde, als unsicheres und unheimliches Element galt. Hier ist es dieser unheimlichen Aspekte entkleidet und, wie die verschiedenen Bereiche der Erde, Wohnraum für allerhand kleines und großes Gewimmel. Wie die Erde, wird auch dieser Bereich von Tier und Mensch (Schiffe!) gemeinsam bewohnt.

Die merkwürdigste Aussage ist aber die über den Leviatan. In Ps 74,14 wird er uns als furchterregendes, urzeitliches Chaosungeheuer begegnen, das, aufgeweckt, auch noch in der Gegenwart die Erde bedrohen kann (Ijob 3,8). Was Ijob völlig unmöglich ist, nämlich mit ihm wie mit einem angebundenen Vögelchen zu spielen (40,29), genau das wird hier von JHWH ausgesagt. *»Er schuf ihn, um mit ihm zu spielen.«* Nun können mit Spielen auch Kampfspiele gemeint sein (vgl. 2 Sam 2,14). In seiner Begeisterung für die Macht und Weisheit Gottes und mit entsprechendem Optimismus spricht der Hymnus JHWH aber jedenfalls eine Überlegenheit über alles Gefährliche und Böse zu, die demjenigen, der wie Ijob die Macht des Bösen erfahren hat, schon fast zynisch vorkommen müßte. Die zweite Gottesrede in Ijob 40–41 zieht es vor, Gott in einem gewaltigen, aber nie zu Ende gekämpften Kampf gegen diese Mächte darzustellen.

V. 27–30. Mit V. 27 setzt ziemlich abrupt der große Schlußchoral ein. V. 27f. stellen Gott den Wohltäter als Ernährer dar. V. 27b nimmt V. 21 wieder auf, wo die Junglöwen mit ihrem Brüllen in der Nacht von Gott ihr Futter heischen (vgl. Ps 147,9; Ijob 38,39–40). *»Zu seiner Zeit«* erinnert an den Rhythmus von Tag und Nacht in V. 19–24, V. 28b mit der »Sättigung« an V. 16 und 13. Das Einsammeln und Wieder-Aussenden des Lebensodems (*ruah*) in V. 29f. verweisen auf Gott als Herrn der *ruhot* in V. 4 (zu *ruah* und *ruhot* als »Winde« und »Lebensodem« vgl. Ez 37,1–14!). Nicht die Lichtstrahlen wie in den Amarna-Hymnen (und -Bildern) vermitteln das Leben, sondern der Odem JHWHs, den er allen Lebewesen in einem gewaltigen Rhythmus entzieht und wieder zukommen läßt. Denkt man nicht gerade an Pflanzen, ist das (dauernde) Sterben und Wieder-zum-Leben-Kommen allerdings eine etwas befremdliche Vorstellung; wahrscheinlich steht dahinter doch die Erfahrung von der Sonne, die bei ihrem Untergehen die Erde in einem todesähnlichen Zustand zurückläßt und mit ihrem Aufgehen wieder zum Leben bringt. Siehe Vergleichstexte zu Ps 104! (Vgl. Assmann 1975: 216f.)

Der Sonnengott als Spender allen Lebens ist ein typisch ägyptisches Konzept. In der mesopotamischen Tradition ist der Sonnengott primär Richter und Vernichter alles Bösen (vgl. Ijob 38,12–15; Gen 19,23f.).

Zu V. 31–35 vgl. S. 80ff., Aufbau.

Zusammenfassende Würdigung

Der Hymnus Ps 104 verarbeitet Traditionen von JHWH als Himmelsgott, als Kämpfer gegen die Chaoswasser und als Schöpfer der Erde, vor allem des Gottesgartens. Diese Traditionen sind vorderasiatischen Ursprungs. Sein ganz besonderes Gepräge bekommt der Psalm aber durch die Einflüsse der ägyptischen Sonnenhymnik. Ihr verdankt er die ungeheuer positive Gesamtschau und den direkten Kontakt, in den der Eine täglich mit seinen unzählig vielen Werken tritt.

Unsere Schöpfungsvorstellungen werden von Gen 1 mit seinem pyramidalen Aufbau dominiert. Man mag mit einiger exegetischer Kunst den Auftrag an den Menschen, sich die Erde untertan zu machen, als Auftrag zu einem universalen Hirtentum interpretieren. Wie immer man den Text deutet, es bleibt der Anspruch des Menschen, alles seiner Kontrolle zu unterwerfen. Der Mensch vertritt den Schöpfer auf Erden, und die Lebewesen haben ihr Verhältnis zu Gott durch ihn. Dieses Konzept erfährt in Gen 9 dann noch eine bedenkliche, wenn auch realistische Wende ins Erbarmungslose.

Zu diesem Konzept entwirft Ps 104 ein etwas utopisches, aber heute dringend notwendiges, von der Sonnenhymnik inspiriertes Gegenbild. Die christliche Tradition hat stets einzelne Bibeltexte und -verse in den Vordergrund gestellt und andere in der Truhe verschwinden lassen (vgl. Mt 13,52). Es ist ganz legitim und entschieden an der Zeit, Gen 1 als *den* Schöpfungstext durch andere Texte, etwa durch Ps 104, abzulösen. Der Mensch wird da zurückgenommen und als ein Geschöpf unter andern gesehen. Jedes Geschöpf hat seinen Ort und seine Zeit. Die bebaubaren Höhen und der Tag gehören ihm, die Schluchten, die hohen Berge und die Nacht sind andern Geschöpfen reserviert. Eine interessante Parallele zu dieser Sicht bietet Ijob 39. Dort wird die Welt der wilden Tiere, die der Mensch als feindselig, nutzlos und sinnlos erfährt und von Ijob als Ausdruck des Chaotischen erlebt wird, von Gott in der Rolle des »Herrn der Tiere« als Ordnung sui generis verteidigt: als eine Welt, die ihren Wert in sich trägt (Keel 1978). Die rigorose moralische Ordnung, die Ijob und seine Freunde fordern, ist die der Gärten mit englischem Rasen und Thujahecken, in denen jeder Quadratzentimeter überblickbar und kontrollierbar ist. Aus dieser sterilen Ordnung pilgert man dann in Naturreservate und Nationalparks, um sich von der selbst geschaffenen, erbarmungslosen Ordnung physisch und psychisch wieder zu erholen, wie Hiob sich angesichts der Vision von Kap. 39 erholt.

Ps 104 entwirft eine Welt, die von genüßlichem Leben (Wein, Öl) und Lebenlassen geprägt ist. Eine Spur dieser Tradition der Sonnengott-Hymnik findet sich im NT, in der Begründung des Gebots der Feindesliebe, wenn es heißt, daß wir durch dessen Beachtung zu Söhnen und Töchtern des Vaters im Himmel werden, *»der seine Sonne aufgehen läßt über Böse und Gute und regnen läßt über Gerechte und Ungerechte«* (Mt 5,45). Hier wird das scheinbar amoralische, die Verantwortung ignorierende Verhalten des sonnenhaften Gottes von Ps 104 zum Maßstab einer anspruchsvollen Moral. Röm 12,21 beschreibt sie abstrakt als ein Überwinden des Bösen durch das Gute. Das ist nur mittels »Sonnenenergie« zu bewerkstelligen, einer Energie, die den Gekreuzigten wie eine Sonne aus dem Grab hervorgehen ließ (vgl. die Auferstehung des Isenheimer Altars von Grünewald).

Vortragsanregungen

1. Begegnung mit dem Psalm

Für diesen dichterisch schönen, von souveräner Heiterkeit getragenen Psalm wird es wichtig sein, zu Beginn des Abends eine Ebene für die Begegnung mit dem Psalm zu schaffen. Folgende Möglichkeiten (und natürlich auch andere) bieten sich an:

- Der Psalm wird in der Übersetzung Luthers und in einer modernen Übertragung (z. B. von Ernesto Cardenal) gelesen oder vorgetragen.
- Zu dem Psalm wird eine Dia-Reihe mit schönen Naturbildern zusammengestellt. Dabei dürfen Bilder mit den Deformationen der Schöpfung (die Müllhalde, der kranke Wald, der verschmutzte See) nicht fehlen. Übrigens: Diesen Teil des Abends muß nicht einmal der Pastor bestreiten! Fotofreunde – und auch an der Bewahrung der Schöpfung Interessierte – gibt es in jeder Gemeinde. Sie stellen ihre Bilder gern zur Verfügung.
- Am vorhergehenden Bibelwochenabend können die Teilnehmer aufgefordert werden, ihr liebstes Natur- oder Landschaftsbild mitzubringen (Kalenderblätter, Poster o. ä.). Im Raum wird eine Wand mit Tapetenbahnen behängt. Die Bilder werden mit Stecknadeln an die Bahnen, auf die zuvor ausgewählte Verse aus dem Psalm geschrieben wurden, geheftet. Jeder Teilnehmer sollte den Psalm zur Hand haben.

Welchen Vers unseres Psalms könnten wir als Motto an unsere Bilderwand schreiben? Ziel soll Vers 24 sein.

2. Den Psalm hören

a) Psalm 104 zeigt ein harmonisches, ja heiteres Bild von der Welt. Sie ist ohne Makel. Bedrohungen und Schädigungen scheinen keine Rolle zu spielen.

Dennoch wird der Psalm zu einem Loblied auf die Bewahrung

der Schöpfung. Er will Menschen Angst nehmen und ihnen helfen, ihren Platz in der Schöpfung zu erkennen und in das Lob des Schöpfers einzustimmen.

b) Die Ängste gehen allerdings nicht – wie wir das heute erleben – vorrangig vom Menschen aus, sondern von Urgewalten, denen der Mensch ausgeliefert ist. Wer diesen Psalm singt und betet, kann seine Angst verlieren. Mit dem Psalm bekennt er sich dazu, daß der Schöpfergott die Urgewalten gebändigt hat und souverän über ihnen steht. An dem Weltbild des Psalms kann verdeutlicht werden:

Der Mensch stellt sich unter der als Scheibe gedachten Erde und über der darüber halbkugelförmig gewölbten Himmelsglocke gefährliche Wasser, Urfluten – Chaoswasser – vor. In ihnen sind die Dämonen zu Hause. Aber Gott hat die Wasser nicht nur gebändigt, sondern sogar in seinen Dienst gestellt (10ff.). Er hat ihnen den Weg gewiesen: Sie steigen auf bis in die Quellköpfe der Berge und fallen dann wieder in die Täler hinab und wässern als Bach und Fluß das Land. Sie sind nicht mehr gefährlich, sondern lebenspendend. Die Tiere löschen an ihnen ihren Durst.

Auch das bedrohliche Meer ist keine gefährliche Macht mehr. Es ist geradezu zum Spielbassin des Schöpfers geworden. Er spielt mit den Fischen und sogar mit dem Leviathan (vgl. dagegen die Vorstellung in Ps 74).

Der Psalm nimmt Menschen die Angst vor den Bedrohungen der Naturgewalten, indem er *malt, schildert, erzählt.* Das sind noch immer gute Mittel, Bedrohungen zu bewältigen und sich mit ihnen auseinanderzusetzen. In einer Bibelarbeit zu Ps 104 darf dann wohl auch geschildert und erzählt – und natürlich auch gemalt werden! Der Psalm reizt ja dazu.

3. Sich dem Psalm stellen

a) Es drängt sich die Frage auf: Wo hat der Mensch seinen Platz in diesem Psalm? Er ist jedenfalls nicht die »Krone der Schöpfung«, auf die alles in der Schöpfung zuläuft. Er hat nicht die Rolle des Beherrschers und Verwalters. Ein Vergleich mit Gen 1 (s. Exegese) ist interessant. Für Ps 104 ist der Mensch Teil der Schöpfung. Er ist eingereiht unter die Lebewesen, ein Glied in der Kette wie die anderen. Er lebt – wie alle anderen – von der Güte Gottes.

Es scheint sogar, daß ihm keine andere Aufgabe zufällt, als Gott zu loben und ihn anzuerkennen. Wendet er sich vom Schöpfer ab und geht eigene Wege, so wird er zum Sünder. Dann wird er aber auch zum Störenfried der Schöpfung (V. 35).

Wir sollten uns von diesem Psalm bei unseren Bemühungen um die Bewahrung der Schöpfung zum Nachdenken anregen lassen. Das fängt schon bei der Formel »Bewahrung der Schöpfung« an. Sind wir Teil der Schöpfung und nicht Herren, dann darf Bewahren keinerlei herrschende Strukturen haben. Wie ist es eigentlich mit unserer Solidarität mit allem Lebenden? Viele unserer Mitgeschöpfe sind für viele Menschen nur Ware, Objekt, Produkt, Ernährungsgrundlage – oder auch Ungeziefer. Das Feld der hier angrenzenden Probleme ist weit. Jeder muß es nach seinen Gaben und Kenntnissen abgrenzen und in Beziehung zu dem Psalm bringen. Aber das können alle: über diesem Psalm wieder miteinander staunen lernen!

b) Staunen lernen auch über den Gott, den uns der Psalm zeigt: Er schafft wie ein Baumeister, wie ein Zeltmacher. Er ordnet alles weise wie ein guter Ökonom. Ein verblüffender Gedanke kommt hinzu: Dieser Gott arbeitet nicht nur, er spielt auch. Aber das Wichtigste und Hoffnungsvollste ist: Er macht neu die Gestalt der Erde (V. 30). Wie hilft mir das angesichts meiner Ängste und der Bedrohungen, mit denen ich leben muß?

4. Den Psalm verinnerlichen

Sicher findet sich ein guter Text zum Abschluß wie z. B. »Der Sonnengesang« des Franziskus von Assisi.

Es könnte auch ein Nachspiel geben: Musik aus der »Schöpfung« von Joseph Haydn, aus den »Jahreszeiten« von Haydn oder Vivaldi.

Gesprächsanregungen

Einstiegsmöglichkeiten

Der Leiter stellt die Frage: Welches Wort ist in diesem Psalm vorherrschend? Man sollte auf die Anfangsworte der Verse achten, die Verse 1–10 besonders betrachten: 28mal kommt das Wort »Du«

vor. Daraus könnte ein Gespräch folgen: In welchem Zusammenhang komme *ich* vor? Von hieraus sollte man hinlenken auf die Verse 23 – Arbeit und Werk des Menschen – und 33: »Ich will dem Herrn singen ... und meinen Gott loben ...« Die Gruppe beschränkt sich zunächst auf das Auffinden und Sammeln – noch erfolgt kein Gespräch darüber.

Inhaltliche Erarbeitung

Wir sammeln die Begriffe, die darüber hinaus im Psalm vorkommen. Dazu teilt der Leiter die Gruppe in Untergruppen auf und gibt jeder Gruppe einen Teil des Psalms zur Bearbeitung. Der Arbeitsschritt wird sonst zu lang und auch zu langweilig. Es soll nur gesammelt – ein Gespräch über die gefundenen Begriffe sollte noch nicht zugelassen werden. Wenn die Gruppe wieder zusammenkommt, werden die gefundenen Begriffe im Kreis angeordnet. Es empfiehlt sich die Arbeit mit Velour-Zeichen, wobei jede Gruppe die Begriffe auf kleine vorbereitete Kärtchen (Velour-Hintergrund) schreibt.

Dies könnte berücksichtigt werden: Himmel: Vers 2; Wolken: Vers 3; Wind: Verse 3 und 4; Erdreich: Verse 5. 9. 14. 24. 30. 32 (nach »Mensch« das häufigste Wort); Fluten: Vers 6; Berge: Verse 6. 8. 10. 13. 18. 32; Täler: Vers 8; Wasser: Vers 10; Tiere: Verse 11. 20; Wild: Vers 11; Vögel: Verse 12. 17; Früchte: Vers 13; Gras: Vers 14; Vieh: Vers 14; Saat: Vers 14; Brot: Verse 14. 15; Wein: Vers 15; Öl: Vers 15; Bäume: Vers 16; Steinbock: Vers 18; Klippdachs: Vers 18; Mond: Vers 19; Jahr: Vers 19; Sonne: Verse 19. 22; Finsternis: Vers 20; Nacht: Vers 20; Löwen: Vers 21; Abend: Vers 23; Meer: Vers 25; Schiffe: Vers 26; Speise: Vers 27; Leben: Vers 33.

Die Begriffe werden nun in Gruppen zusammengeordnet: Pflanzen, Tiere, Technik, Kosmos u. a. m. Kärtchen zur Bezeichnung der Kategorien werden dazugesteckt. Die Gruppe erkennt die Vielfalt der angesprochenen Begriffe, es geht um die ganze Welt und den Kosmos.

Daraus könnte sich folgendes Gespräch entwickeln: Wer steht in der Mitte? Der Mensch? Man vergleiche das »Du« in den Versen 1–10! (Vgl. Psalm 8!)

Wie sieht es aus, wenn das »Du« Gottes in der Mitte steht? Wie sieht es aus, wenn der Mensch in der Mitte von Natur, Technik und Kosmos steht? Auch in der Bibel wird unterschiedlich akzentuiert, vgl. Ps 8 und Gen 1 u. 2!

Welche Bedeutung hat die jeweilige Mittelpunktstellung für das Verhältnis des Menschen zu Natur und Technik heute?

Was könnte für Nichtchristen an die Stelle Gottes in den Mittelpunkt der Natur-Technik- und Kosmosbetrachtung treten?

Ist die Alternative »Gott oder Mensch?« eigentlich unausweichlich?

Thematische Weiterführung

Mensch und Gott, Gott und Mensch gehören beide in den Mittelpunkt von Natur, Technik und Kosmos. Die Mittelpunktrolle von Mensch und Gott ist aber jeweils verschieden. Es ist darüber nachzudenken, wie sich beides gegenseitig beeinflußt:

Wie beeinflußt Gott, wenn er in der Mitte gesehen wird, die Stellung des Menschen zu Natur, Technik und Kosmos? Was trägt der Gottesglaube dafür aus?

Psalm 104 sieht das Verhältnis von Gott zur Natur, zur Technik und zum Kosmos im Zeichen des Spiels und der Freude. Die Beziehung des Menschen zur Natur, zur Technik und zum Kosmos wird unter den Gedanken der Dankbarkeit und des Lobes gestellt. Was bedeutet das im Verhältnis zu anderen Beschreibungen der Beziehung zwischen Gott und Natur, Technik und Kosmos? Welche anderen Verhältnisbestimmungen zwischen Mensch und Natur sind denkbar? Welches Recht hat das Zweckdenken bei der Betrachtung der Natur?

Aus der Praxis

(1) Es wurde zusammengetragen, was den Teilnehmern zum Stichwort WELT einfällt. (Am Vortag war der Tierpark Berlin besucht worden.) Die Palette reichte von »Bedrohung« bis »Schöpfung«.

(2) Viele Psalmen, gerade auch Psalm 104, leiten an, die Welt als Werk Gottes zu sehen und Gott darüber zu preisen.

(3) Nach der Verlesung von Psalm 104 lasen die Teilnehmer den Psalm still und sollten überlegen, wie er zu gliedern wäre.

(4) Auf einen großen Bogen Papier wurden neun Quadrate gezeichnet. Dies war Impuls, nach Sinnabschnitten zu suchen und diese mit einfachen Symbolen darzustellen (V. 1–4: Himmel, V. 5–9: Erdboden, V. 10–12: Bäche, V. 13–18: Regen für alles, was lebt, V. 19–23: Nacht und Tag, V. 24: Lobpreis, V. 25–26: Meer, V. 27–30: Gottes Fürsorge, V. 31–35: Abgesang mit Lobgesang und Bitte um Gericht). Die von den Teilnehmern vorgeschlagenen Symbole wurden jeweils in die Quadrate eingezeichnet.

(5) Kleingruppen bekamen die Aufgabe, jeweils über eine Sinneinheit nachzudenken. Fragen wurden im Plenum bzw. vom Leiter geklärt. Dabei ergab sich ein Gespräch auch über verschiedene Einzelheiten, die den Kleinstgruppen aufgefallen waren.

(6) Für die Gruppenarbeit wurde folgendes angeboten:
Fragen zum Gespräch
- Was heißt: Die Erde ist voll von Gottes Gütern?
- Was bedeutet es, daß Gott uns versorgt?
- Was heißt es, Gott zu loben?
- Was sagt Psalm 104 uns Menschen in der gegenwärtigen Umbruchsituation?
- Lesen Sie Psalm 104 mit den Augen eines Menschen, der sich um Umweltschutz und soziale Gerechtigkeit Gedanken macht!

Aufgaben für kreatives Handeln
- Erfinden und erzählen Sie eine Geschichte von Menschen, denen Sätze aus Psalm 104 für ihr Leben wichtig geworden sind!
- Malen Sie ein Bild, gestalten Sie eine Collage, dichten Sie ein Lied zu Psalm 104 (nach einer Ihnen bekannten Melodie!)

(7) Von diesen Angeboten wurde folgendes angenommen:
- Im Gespräch über Gottes Güter wurde die Vielfalt der Güter Gottes betrachtet und dann die Gefährdung dieses Reichtums durch menschlichen Egoismus in den Blick genommen.
- Im Gespräch über das Lob Gottes wurde vor allem von dem Segen gesprochen, der von Lob und Dank ausgeht.

- Im Gespräch über die Bedeutung von Psalm 104 angesichts der Situation des Winters 1989/90 wurde gesagt: Die Konsumorientierung der DDR-Bevölkerung muß begrenzt werden von der Verantwortung für die Dritte Welt und die Umwelt.
- Als Antwort auf die Aufgabe, Psalm 104 im Blick auf Umwelt und Gerechtigkeit zu lesen, entstand u. a. folgendes Gebet:
  »Herr, wir bitten Dich: Gib uns die Einsicht, daß wir unsere Lebensgrundlage – Deine heilige Ordnung – nicht selbst zerstören. Mache uns zum Werkzeug Deiner Schöpfung. Laß uns erkennen, daß der einzelne durch sein Verhalten viel tun kann. Gib uns das Verständnis zurück, die Arbeit nicht mehr als Last, sondern als Auftrag zu sehen. Führe uns auch zum rechten Verständnis von Muße, damit wir uns Zeit nehmen, Deine Schöpfung lobend zu sehen.«
- In einer Erzählung wurde ein Urlaubserlebnis geschildert: Bei einer Bergwanderung erlebte eine Familie die Herrlichkeit der Schöpfung und wurde zum Gotteslob im Sinne von Psalm 104 inspiriert.
- In einer Kleingruppe entstand zum Thema »Lob des Schöpfers« ein Lied nach der Melodie »Großer Gott, wir loben Dich«. Dieses Lied nahm einige Psalmaussagen (besonders aus den Versen 1–5 und 24ff.) auf und wurde auch von der Gesamtgruppe mehrfach gern gesungen. Man sollte also keine Hemmungen haben, zu einem Bibeltext ein Lied dichten zu lassen.
- In einer großen Collage wurden wesentliche Aussagen von Psalm 104 zusammengestellt und die Aufmerksamkeit des Betrachters auf das Gotteslob gerichtet.

(8) Abschließend wurde hervorgehoben, daß wir Menschen uns als Geschwister der übrigen Schöpfung sehen sollten.

Vergleichstexte

Schöpfergott

Schöpfergott, wir danken Dir, daß Du uns Deinen Atem eingibst; Du hast uns das Geschenk des Lebens gegeben, Du läßt uns auf dieser Erde wohnen mit ihren Bodenschätzen, Flüssen und Ozeanen, ihren Blumen und Früchten, ihren Geschöpfen voller Anmut und Schönheit! Du hast die Erde in unsere Obhut gegeben. Heute rufst Du uns: »Wo seid ihr; was habt ihr getan?«

Wir schämen und verbergen uns, weil wir nackt sind. Wir tun der Erde Gewalt an und beuten sie aus; wir weigern uns, die Gaben der Erde miteinander zu teilen; wir wollen besitzen, was nicht uns, sondern Dir gehört.

Vergib uns, Schöpfergott, und versöhne uns mit Deiner Schöpfung. Amen.

Aus Indien

Gebet vom Corrymeela Centre

Wir danken Dir, Gott, für die Schönheit von Erde, Himmel und Meer, für den Reichtum an Bergen, Ebenen und Flüssen, für den Gesang der Vögel und den Liebreiz der Blumen.

Die Schönheit Deiner Schöpfung, die uns umgibt, halten wir so oft für selbstverständlich.

Öffne unsere Augen für all die Schönheit um uns herum. Öffne unsere Augen auch für das Gute im anderen Menschen und in uns selbst.

Lehre uns, Deine Schöpfung gut zu nutzen, ihre Schönheit zu bewahren, damit auch andere sich daran freuen können. Was noch wichtiger ist: Lehre uns Deine Schöpfung lieben und respektieren in jedem Menschen, dem wir begegnen. Amen.

Aus Nordirland. Übersetzung: G. Klätte

Wenn wir nur zuhören könnten!

Wenn wir nur für einen Augenblick stehenbleiben und hinsehen wollten, dann würden wir Deine Herrlichkeit sehen, Herr:

in dem kleinen Regentropfen, in der zarten Knospe des Jasmins, in dem feingliedrigen Blatt, in dem winzigen Sandkorn, in dem Brausen des Sturmes, in dem gewaltigen Getöse der Meeresbrandung.

Wenn wir nur für einen Augenblick stehenbleiben und zuhören wollten, dann würden wir Deine leise Stimme hören, Herr:

in der verzweifelten Klage der Frau von nebenan, die ihr einziges Kind verloren hat, in dem Gewimmer des hungrigen Flüchtlings an der Straßenecke, in dem Schluchzen des völlig verwirrten Mädchens, dessen Eltern bei Straßenkämpfen umkamen.

Dort können wir Deine Stimme hören. Sie lädt uns ein zu Deiner Mission.

M. A. Thomas (Indien)

Wanderung in der Wüste

Herr, wozu hast Du die Wüsten erschaffen? Wer ist dort, um die Schönheit zu sehen von Deiner Hände Werk? Wie können Menschen leben in solcher Hitze? Wo ist auch nur ein Tropfen Wasser zu finden?

Du, Mensch, ich schuf Wüsten als ein Stück im Ganzen des Schöpfungsplans. Das unerschöpfte Land ist ein Zeichen der unerschöpflichen Liebe, die ich für die Menschheit habe. Auch Pflanzen, Bäume und Blumen, die keiner sieht, singen mein Lob in der Stille. Sie sind ein Teil des Geheimnisses: Ich bin, der ich bin.

Wenn die Blumen in der Wüste blühn, lächeln die Sterne. Das Strahlen der Sterne ist das Leuchten meines Angesichts.

Wenn du, Mensch, durch die Wüste wanderst, denke daran, wie sehr du der Einsamkeit und der Schönheit in deinem Leben bedarfst.

M. J. Joseph (Indien)

Gebet vom Corrymeela Centre

Dank sei Dir, Gott, daß Du die Welt so interessant gemacht hast, weil Du uns alle unterschiedlich geschaffen hast.

Hilf uns, daß wir nicht ängstlich oder mißtrauisch auf die sehen, die nicht so sind wie wir. Hilf uns zu verstehen, wie und warum sie anders sind.

Hilf uns, von denen zu lernen, die sich von uns unterscheiden in ihrer Persönlichkeit, ihrem Verhalten, ihrem Glaubensbekenntnis oder ihrer Farbe. Hilf uns, daran zu denken, daß wir auch für sie so anders sind.

Lehre uns, wie wir Menschen, die anders sind, respektieren können, auch dann, wenn wir mit ihnen nicht einer Meinung sind. Denn wir gehören alle zum gleichen Menschengeschlecht, wir sind Kinder des gleichen Schöpfers.

Aus Nordirland. Übersetzung: G. Klätte

Der große Hymnus Echnatons an Aton

Die Finsternis ist ein Grab, die Erde liegt in Schweigen:
ihr Schöpfer ist untergegangen in seinem Lichtland.
Am Morgen bist du aufgegangen im Lichtland
und bist strahlend als Sonne des Tages.
Du vertreibst die Finsternis, du gibst deine Strahlen.
Was auf Füßen steht, erwacht: du hast sie aufgerichtet,
sie reinigen ihre Körper und ziehen Leinengewänder an;
ihre Arme sind in Lobgebärden bei deinem Erscheinen,
das ganze Land tut seine Arbeit.
Alles Vieh befriedigt sich an seinen Kräutern,
Bäume und Pflanzen wachsen.
Die Vögel fliegen auf aus ihren Nestern,
Alles Wild tanzt auf seinen Füßen,
alles, was auffliegt und sich niederläßt,
sie leben, wenn du für sie aufgehst.

Die Schiffe fahren stromab und stromauf in gleicher Weise.
Jeder Weg ist geöffnet durch dein Erscheinen.
Die Fische im Fluß hüpfen vor deinem Angesicht;
deine Strahlen sind im Innern des Ozeans.
Wie viel ist, was du geschaffen hast,
indem es dem Angesicht verborgen ist!
Du einer Gott, dessengleichen es nicht gibt!
Du hast die Erde erschaffen nach deinem Herzen,
der du allein warst, mit Menschen, Herden und jeglichem Wild,
allem, was auf Erden ist und auf Füßen läuft,
was in der Luft ist und mit seinen Flügeln auffliegt.
Du stellst jedermann an seinen Platz und schaffst ihren Bedarf,
jeder einzelne hat zu essen, seine Lebenszeit ist festgesetzt.
Wie wirkungsvoll sind deine Pläne, du Herr
der unendlichen Zeit! Deine Strahlen säugen alle Wiesen;
wenn du aufgehst, leben und wachsen sie um deinetwillen.
Du erschaffst die Jahreszeiten, um sich entwickeln zu lassen,
den Winter, sie zu kühlen, die Hitze, damit sie dich spüren.
Alle Augen sehen dich ihnen gegenüber,
indem du als Sonne des Tages über der Erde bist.
Du gehst auf für sie – sie leben, du gehst unter, sie sterben.
Du bist die Lebenszeit selbst, man lebt durch dich.
Die Augen ruhen auf Schönheit, bis du untergehst,
alle Arbeit wird niedergelegt, wenn du untergehst im Westen.
Eile ist in jedem Fuß, seit du die Erde gegründet hast.

Aus Amarna

1. Lobe den Herren, mein Leben, mein Ich!
O Herr, wie bist Du so groß!
Alle die Sonnen da sind dein Gewand,
Atomfeuerräder aus Sternen.
2. Einst war die Erde ein feuriger Ball,
Dampf aus Vulkanen ihr Kleid,
Schollen zerrissen und drifteten dahin,
Regen in Becken der Meere.

3. Korn läßt Du sprießen für Brot aus der Erd'·
Wein, der das Herze erfreut,
labst Du den Menschen und läßt Du erblühen
Schönheit im Antlitz der Mädchen.

4. O Herr, wie sind deine Werke so groß!
Du hast sie alle vollbracht!
In Deiner Weisheit, mein Schöpfer, mein Gott,
spiel'n die Atome der Erde!

5. Da ist das Meer und es wogt so weit,
wimmelt von Fisch und Getier.
Haie und Kraken und Walroß und Wal
entspringen dem Spiel Deiner Weisheit.

6. Alle sie warten, daß Nahrung Du gibst
ihnen zur Not ihrer Zeit.
Aus Deiner Hand, Herr, da finden sie,
werden mit Gutem gesättigt.

7. Singen dem Herrn will ich mein Leben lang,
spielen, solange ich bin!
Möchte mein Dichten ihm wohlgefallen,
ich aber freu' mich am Herrn!

Transformation zu Ps 104 aus Taizé

Der Physiker Walter Heitler aus Zürich schrieb zu Psalm 104: »Der Psalmist sah die Natur mit Augen der Dankbarkeit gegenüber dem Schöpfer. Wir Heutigen sehen in ihr mit gierigen Augen meist nur das Ausbeutungsobjekt, an dem wir Raubbau treiben. Wir zerstören dummdreist die ökologischen Zusammenhänge und ersetzen Gras und Bäume möglichst durch toten Beton. Die dankbare und demütige Haltung in den Schöpfungspsalmen haben wir heute nötiger denn je!«

Groß ist unser Herr und groß seine Macht und seiner Weisheit kein Ende! Lobet ihn, Sonne, Mond und Planeten, in welcher Sprache immer euer Loblied erklingen mag. Ihm allein sei Ehre!

Johannes Kepler

5. Abend
Abgewiesen – angehört
Psalm 74

Auslegung
Gott muß doch eingreifen. Muß er?

Text

Die Situation ist ähnlich wie bei Ps 139. Ich halte mich hier an die gleichen Grundsätze wie bei jenem.

Aufbau

Ps 74 läßt sich auf den ersten Blick in drei Teile gliedern. Der erste umfaßt V. 1–11. Er wird durch die klagenden, vorwurfsvollen »bis wann« in V. 9 und 10 und das *lammah* »wozu, warum« in V. 1 und 11 bestimmt.

V. 12–17, der zweite Teil, fällt schon rein lautlich und formal durch die sieben *'attah* »Du« und die acht auf *ta* auslautenden Perfekta in der 2. Pers. Mask. Sg. auf. Inhaltlich wird Gott an seine großen Taten bei der Schöpfung erinnert.

Den dritten Teil, V. 18–23, charakterisieren formal die in rascher Folge wechselnden fünf Imperative und die vier mit *'al* »nicht doch« gebildeten Vetitive, die anstelle negativer Imperative stehen, die das Hebräische nicht bildet. JHWH wird zum Handeln bzw. zum Verzicht auf Nicht-Handeln aufgefordert.

Bei einem etwas genaueren Zusehen erweist sich der unverhältnismäßig lange erste Teil (V. 1–11) als nicht ganz so homogen, wie die beiden *lammah* in V. 1 und 11 suggerieren (vgl. Sharrock 1984).

Auf die einleitende, vorwurfsvolle Frage in V. 1 folgen sogleich zwei Imperative, wie sie für den dritten Teil typisch sind (vgl. das »Gedenke« in V. 2.18.22). Auch die Selbstbezeichnungen des betenden Subjekts als »deine Herde«, »deine Gemeinde«, »dein Erbe« verbinden V. 1–3 mit dem dritten Teil (V. 19–20 »deine Taube«, »deine Armen«, »dein Bund«). V. 3b leitet die Beschreibung des Wütens der Feinde im Heiligtum ein. Der auffälligen Aussage in V. 4: *»Sie haben ihre Zeichen als Zeichen gesetzt«* korrespondiert in V. 9: *»Unsere Zeichen sehen wir nicht mehr.«* Dazwischen steht die weitgehend durch Perfekta beschriebene Tätigkeit der Feinde. In V. 10–11 folgen die durch Fragepartikel eingeleiteten Imperfekta, die Gott zur Rede stellen, wie lange und warum er seinen Namen schmähen lassen und sich zurückhalten wolle.

Berücksichtigt man diese Beobachtungen, kann man den ganzen Ps mit Sharrock als chiastische Komposition verstehen:

A V.1–3	(genauer 2–3a): Aufforderung an Gott (Imperative), sich seiner Gemeinde anzunehmen.
B V.4–9	(genauer 3b–9): Schilderung des Wütens der Feinde gegen das Heiligtum Gottes (Perfekt 3. pl.).
C V.10–11	Fragen, wie lange noch (vgl. V. 9b) und warum (vgl. V. 1) Gott sich so verhalte (Imperfekt).
B'V.12–17	Schilderung des siegreichen Kampfes Gottes gegen seine Feinde in der Urzeit (Perfekt 2. mask. sg.)
A'V.18–23	Aufforderung an Gott (Imperative und Vetitive), dem Treiben der Feinde, die seinen Namen schmähen (V. 18), ein Ende zu machen und sich seiner Gemeinde anzunehmen, damit diese seinen Namen rühme (V. 21).

Im Zentrum des Chiasmus stehen die aus V. 1 bzw. 9b aufgenommenen Fragen, »wie lange?« und »warum?« Gott geschehen lasse und nicht handle (V. 10–11). Die quälende Frage wird vom Umstand genährt, daß seine Feinde heute genauso seinen Bereich zerstören (V. 4–9), wie er in der Urzeit ihren Bereich unterworfen hat (V. 12–17). Daraus folgt der Imperativ, sich der Gemeinde, die er sich dereinst erworben hat, anzunehmen (V. 1–3a) und sich der Feinde, die seinen Namen schmähen, zu entledigen (V. 18–23), kurzum, dem untragbaren Zustand ein Ende zu machen (V. 11b).

V. 1–3a: Bereits in den ersten Versen wird durch die Häufung von »Du« und »Dein« Gott nachdrücklich nahegebracht, daß es um seine und nicht irgendeine andere Sache geht. Lautete in den älteren Klage- und Bittgebeten der einzelnen die Frage: »Bis wann?« (vgl. Ps 13), so heißt es hier *»Warum?«* Aus der Frage nach der Dauer ist die Frage nach dem Sinn geworden. Denn es ist unbegreiflich, daß Er gegen seine eigene Herde wütet. Die Frage, ob der Zorn berechtigt sein könnte, wird gar nicht gestellt. In Ps 44, der eine sehr ähnliche Thematik hat, wird die Frage entschieden verneint (V. 18–23). Gottes Verhalten gegenüber seiner Kleinviehherde (Schafe und Ziegen) wird dort explizit als absurd hingestellt. Er verkauft sie wie Fleischvieh – was man nicht gerne tut, weil dann die Woll-, Haar-, Milch- und Käseproduktion wegfällt – und das noch ohne Gewinn zu einem Schleuderpreis (Ps 44,12f.; vgl. auch V. 23).

JHWH soll sich vergegenwärtigen, daß es seine Gemeinde ist, die er in geheimnisvoller Urzeit erworben hat. Die Alliteration *qanita qedem* hat etwas ausgesprochen feierlich Archaisierendes. In Spr 8,22 beansprucht die Weisheit, in der Urzeit (*qedem*) vor allen andern Geschöpfen von Gott geschaffen worden zu sein (*qanani*). Die Erinnerung an den Loskauf als Stamm seines Erbbesitzes evoziert familienrechtliche Zusammenhänge (Dtn 32,8f.). Er soll so als Schöpfer und Sippenverantwortlicher seine Pflicht wahrnehmen. Weder Väter- noch Auszugs-, weder Sinai- noch Landnahmetraditionen werden durch die verwendeten Begriffe deutlich evoziert, wenn man sie auch auf diese Traditionen der Volkswerdung beziehen kann. Ebensowenig werden mit den Begriffen »Herde«, »Gemeinde« und »Erbteil« Israel oder Juda deutlich angesprochen. Erst am Schluß von V. 2 erscheint als konkreter Begriff der Berg Zion als Wohnsitz JHWHs (Jes 8,18). Mit diesem Stichwort klingt das Hauptthema des nächsten Teils an: das Heiligtum JHWHs auf dem Zion.

V. 3 fordert Gott auf, seine Schritte (von woher?) zum total zerstörten Heiligtum zu lenken. Hier in V. 3, aber auch schon in V. 1 und dann wieder in V. 10 und 19 fällt das Stichwort *nesah*, ein Substantiv, das, als Substantiv oder adverbial gebraucht, soviel wie »definitiv, endgültig, total« bedeutet. In V. 3 steht es parallel zu »alles«. Dieses drohende »dauernd«, »definitiv« und »total« gibt den Fragen »Warum« und »Wie lange?« ihre ganze Schärfe. Ist die Katastrophe definitiv?

V. 4–9: Wie Löwen, die brüllend in eine festliche Versammlung einbrechen und dort das nackte Grauen auslösen, so sind die Feinde (»deine Gegner«) auf dem Tempelplatz erschienen und haben dort »ihre Zeichen« aufgestellt. Damit ist wohl wie in Num 2,2ff. an Feldzeichen gedacht, die häufig mit Götteremblemen oder Figuren geschmückt waren. Die V. 5–6 sind schwierig zu verstehen. Sie beschreiben mit Hilfe technischer Begriffe, von denen einzelne nur hier vorkommen, anscheinend recht realistisch die Zerstörung der kostbaren Schnitzereien. Wie in ein Gehölz dringen die Feinde mit ihren Äxten und Beilen ein und erinnern dabei an die Holzfrevler im Gottesgarten auf dem Libanon (vgl. den Kommentar zu Ps 104,16).

V. 7: *»Sie haben dein Heiligtum ins Feuer geschickt, die Wohnstatt Deines Namens bis auf den Grund profaniert.« »Ins Feuer geschickt«* ist ein seltener und eher salopper Ausdruck (z. B. Hos 14,8). Normalerweise steht *»im Feuer verbrennen«*. Den Tempel zu profanieren, der das Zentrum der Heiligkeit und der Quell alles Segens ist (vgl. Haggai), heißt, das Land seines Lebensnervs zu berauben. Allerdings wird das Heiligtum in Ps 74 durch parallele Begriffe wie »Gemeinde«, »Versammlungsstätte« oder »Wohnstatt deines Namens« nicht primär als fast naturhaftes Segenszentrum, sondern als Ort der Begegnung zwischen dem personalen Gott und seiner Gemeinde charakterisiert. Das fingierte Zitat (*»sie denken«*) von V. 8 mutet den Feinden die Absicht zu, alles, was es an Begegnungsstätten im Lande gibt, vernichten zu wollen. Die Feinde beherrschen das Feld. Ihre Zeichen haben die Zeichen der Gemeinde ersetzt. Die fehlenden Zeichen von V. 9 stehen in Kontrast zu den von den Feinden aufgerichteten Zeichen in V. 4. Hat man sich bei diesen Zeichen auch irgendwelche Standarten vorzustellen? Das ist schwer denkbar. Das folgende *»Es gibt keinen Propheten mehr«* suggeriert eher Zeichen im weitesten Sinn. Wie der Schluß von V. 9 andeutet, gibt es keinerlei Hinweise, wie lange der furchtbare Zustand andauern soll, ob er gar definitiv ist.

V. 10–11: Aus dieser nagenden Ungewißheit erwächst die anklagende Frage, die im Zentrum des Gebets steht und JHWH zum Handeln motivieren soll:

> *»Gott, bis wann soll der Gegner spotten,*
> *soll der Feind Deinen Namen endgültig lästern können?«*

Gott soll doch endlich aktiv werden und seine berühmte »Rechte«, die einst alle seine Gegner zerschmettert hat, wieder zum Schlag erheben (vgl. Ps 44,4; 89,14; Ex 15,6.12). Der in Anlehnung an die uralte Ikone des ägyptischen Königs beim Niederschlagen (vgl. Ps 21,9) geschaffene Typ des Gottes mit dem zum Schlag erhobenen Arm war besonders in der Spätbronzezeit weit verbreitet.

In den V. 12–17 wird in grellen mythischen Farben an die Heilstaten des Königsgottes erinnert, der inmitten der Erde Heilstaten gewirkt hat, Taten, die Weite schafften. Das Meer mit seinen Ungeheuern, deren Schädel JHWH zerstrümmerte, erinnert frappant an den ugaritischen Gott Jammu (Meer), mit dem sich Baal herumzuschlagen hatte. Leviatan ist kein anderer als der ugaritische Lotan, der große Weltumringler und -bedroher, der, mehrköpfig wie später die Hydra, von JHWH überwunden den Haifischen zum Fraß hingeworfen wurde, die dadurch etwas von seiner Wildheit mitbekommen haben (s. Abbildungen 11 und 12). Auf die Überwindung der Chaoswasser folgt in V. 15 – wie in Ps 104,10 – die Einrichtung von Quellen und Bächen. Sie bewässern die Erde, wogegen die alten Chaosströme ausgetrocknet werden. Mit Exodusthematik hat das nichts zu tun. Nachdem die Erde in ihrer räumlichen Dimension bewohnbar gemacht ist, werden in V. 16 und 17 – wie in Ps 104,19–23 – die zeitlichen Dimensionen eingerichtet, Sommer und Winter. Nach dieser Evokation des gewalttätig-kämpferischen Schöpfergottes erfolgt ein abrupter Themenwechsel.

Die V. 18–23 knüpfen mit ihren Imperativen an V. 2f. an. Nur wird JHWH jetzt nicht mehr aufgefordert, sich seine lange Geschichte mit seiner Gemeinde zu vergegenwärtigen, sondern er soll sich das Treiben der Feinde vor Augen halten. Inhaltlich nimmt V. 18 also V. 10 wieder auf, in der zweiten Hälfte in verschärfter Form. Aus dem sachlichen »Gegner, Feind« ist in V. 18 und 22 ein »gottlos tyrannisches Volk« (*'am nabal*) geworden (Keel 1969: 175;

Abbildung 11

Abbildung 12

Gerleman 1974). Aber auch auf der Seite des betenden Subjekts sind die Farben intensiver geworden. Die Gemeinde erscheint in V. 19 als Turteltaube, die wehrlos einem gierigen Tier (*hajat nefeš*) preisgegeben ist. Sie besteht aus Elenden und Armen, die Gewalt erleiden. Und endlich werden auch die Bindungen und Verpflichtungen Gottes durch das Stichwort »Bund« in V. 20 präziser auf den Punkt gebracht. Es soll also Gott aufstehen und seinen Kampf kämpfen, damit sein Name wieder gepriesen wird. V. 23a verweist auf die Feinde als brüllende Löwen in V. 4 zurück. V. 23b, der vom »Getöse« seiner Widersacher redet, gleicht diese deutlich den Chaoswassern an (Ps 65,8; Jes 17,12f.), die JHWH in der Urzeit so glänzend überwunden hat. Damit ist der Anschluß an den etwas abrupt abgebrochenen Teil von V. 12–17 hergestellt.

Zusammenfassende Würdigung

Da es um das Volk, genauer eigentlich um die Kultgemeinde JHWHs, geht, bezeichnet man den Psalm als »Klagelied des Volkes«; genauer wäre »Bitte der Kultgemeinde«. Denn wie es in dem ähnlichen Ps 89 um die Verheißungen an David und das Königtum geht, so hier um die auf dem Zion zum JHWH-Kult versammelte Gemeinschaft. Der Psalm begnügt sich nicht damit, über die Zerstörung des Heiligtums und das eigene Elend zu klagen, sondern formuliert Bitten, um nicht zu sagen Forderungen. Die wichtigsten Motive sind die katastrophale Lage. Mit dem Heiligtum hat JHWH seinen Tempel und das Volk seine Identität und damit seine Orientierungsmöglichkeit verloren. JHWH hat die Pflicht, und zwar in seinem eigenen Interesse (um seines Namens willen), seiner Gemeinde zu helfen. Er kann sie auch wahrnehmen, wie er in der Urzeit bewiesen hat.

Der Psalm hinterläßt (wenigstens bei mir) einen etwas zwiespältigen Eindruck. Einerseits fasziniert mich, wie die betende Gemeinde dem Unvermögen, ihr Geschick zu verstehen, laut und deutlich Ausdruck gibt. Aus ihrer Sicht sind sie unschuldig. Wie in den ähnlichen Ps 44 und 89 lehnt sie es ab, die Schuld grundsätzlich und immer bei sich zu suchen. Tatsächlich kann eine kleine Gemeinschaft wie die jerusalemisch-judäische bei den Auseinandersetzungen zwischen den Großmächten (von 605–587 zwischen Babylon und Ägypten, als 587 der Tempel zerstört wurde) ohne eigene Schuld unter die Räder kommen. Ihre Vorwürfe und Forderungen an die Adresse Gottes zeugen von einem starken Glauben. Die Angst, Gott könnte bei jeder deutlichen Frage, bei jedem Vorwurf, bei jeder Unfähigkeit, ihm zu folgen, gleich zusammenbrechen und sich in Luft auflösen, verrät, daß man ihn gar nicht als wirkliches Gegenüber, sondern als eine Art Projektion betrachtet, die sich sogleich in nichts auflöst, wenn man sie nicht sekündlich aufrechterhält.

Andererseits ist doch auch zu sagen, daß Propheten wie Jeremia und Ezechiel Jerusalem nachdrücklich davor gewarnt haben, im Ringen der Großmächte Partei zu ergreifen, und sich – erst noch auf der Verliererseite, nämlich der ägyptischen – zu engagieren. Schlimmer noch als das aber scheint mir, wie die Gegner hier dämonisiert werden. Man hat die Übertragung mythischer Rollen auf geschichtliche Größen in der alttestamentlichen Exegese gern als »Historisierung des Mythos« gefeiert. Die Kehrseite der Medaille hat man meist übersehen: die gefährliche Mythisierung geschichtlicher Größen! Gerade der Mythos vom Chaoskampf hat im Lauf der Geschichte (z. B. während des zweiten Weltkriegs) unzählige Male dazu gedient, die eigene Sache als die des rettenden Helden und den Gegner als das absolut Böse zu stilisieren (s. Abbildung 13). Diese Stilisierung ins Mythische hat die Positionen verabsolutiert und jede Versöhnung verunmöglicht oder jedenfalls unheimlich erschwert. Die Dämonisierung des Gegners und die entsprechende Verherrlichung der eigenen Position sind so sehr in der Hitze der Auseinandersetzung psychologisch verständlich, theologisch von dem her, was zu Ps 104 gesagt wurde, scharf abzulehnen. Der Mensch kann zwar ohne Gruppenidentität nicht Mensch sein, aber sie ist doch hinter das allgemeinere Menschsein deutlich auf den zweiten Platz zu verweisen. Den Bestien nationaler Ansprüche und Identitäten wird in Dan 7 der Mensch gegenübergestellt, und im NT wird der Mensch immer wieder dem Identität sichernden Gebot (z. B. dem Sabbatgebot) übergeordnet.

Abbildung 13

Vortragsanregungen

1. Denkanstoß zur Einleitung

(Der Psalm kann vor oder nach diesem »Denkanstoß« gelesen werden.)

Stellen Sie sich vor – ein Gemeinderat beschließt: Die Kirche des Ortes wird abgerissen. Aus dem Abrißmaterial soll ein »Haus der Gesellschaft« errichtet werden. Es soll allen politischen und kulturellen Gruppen offenstehen. In der Gemeinderatssitzung kommt der Einwand: Das könne man doch so einfach nicht beschließen. Schließlich gehöre die Kirche doch der Kirche und sei ein wertvolles Kultur- und Religionsdenkmal. Empört kommt die Antwort von der Mehrheit der Anwesenden: »Aber sie steht meist leer. Sie wird viel zu wenig genutzt. Die Gläubigen haben ja offenbar selber kein Interesse an ihrem Gotteshaus.« Zögernd wagt der Kritiker des Beschlusses noch einen Einwand: »Dann baut das Gebäude doch einfach um, aber reißt es nicht ab.« Doch die Antwort fällt scharf und unmißverständlich aus: »Das neue Haus soll nicht an das alte erinnern.« »Ihr könnt«, so sagt ein Diskussionsredner, »an der Stelle der Kirche ja einen Erinnerungspark einrichten.«

2. Begegnung mit dem Psalm

a) Das Heiligtum ist niedergerissen. Nur noch der Ort ist vorhanden: der Zion. Es gibt keinen Tempel mehr. Die Eroberer sind brutal vorgegangen (3–7). Sie haben die Wohnung Jahwes entehrt und entweiht. Wahrscheinlich waren es Babylonier (s. Exegese). Die Gemeinde kann nur noch klagen. Ihre Klage ist massiv. »Wiedersacher Gottes«, »Feinde«, sind die Eroberer. Aber die Klage bleibt nicht bei ihnen stehen, sie geht noch einen Schritt weiter: Sie läßt auch Gott nicht aus. Warum hat er nicht eingegriffen? Er hatte seine Hand geradezu im Gewand verborgen. Die Glaubensnot der Gemeinde, die ganze Verzweiflung der Gläubigen, gipfelt in dem anklagenden *»Warum?«*.

Dieser Psalm hat eine harte, ja unverschämte Sprache, wie sie im kirchlichen Raum kaum mehr gewohnt ist. Aber solche Anklagen und Warum-Fragen kommen dafür um so mehr vom Rande der Kirche und aus der Position des Beobachters. »Warum greift Gott nicht ein, wenn es um seine Ehre geht?« fragen sie. »Warum läßt er das zu?« Und andere beten: »Gott, wo bist du? Nun tu doch endlich etwas!«

Erstaunlicherweise steht in der Mitte dieses Psalms ein *Hymnus*, der in Erinnerung ruft, wie Gott in der Schöpfung Bedrohungen abwendete und in Dienst nahm (Verse 15 und 16, s. auch zu Ps 104).

Dem Psalmbeter geht es um die Ehre Gottes in seiner Gemeinde und in der ganzen Welt. Aber diese Art, sich Gottes zu erinnern, gehört für uns Heutige nicht zu den verbreitetsten. Doch sie geschieht zumindest noch immer dort, wo im Gottesdienst und in der Unterweisung an Gottes schöpferisches Wort »erinnert« wird.

Klage, ja Anklage, und Hymnus stehen im Psalm nebeneinander. Das Klagen ist kein Jammern, sondern ein Bitten, und es hat seine Berechtigung in dem Erinnern. Wie können wir das in unser Beten einfließen lassen? Es gibt Beispiele dafür – etwa bei den Bittgottesdiensten für den Frieden anläßlich der Friedensdekaden, auch bei den Ordnungen für den Weltgebetstag der Frauen.

b) Es ist sicher einfacher, Feinde zu haben, deren Konturen klar umrissen sind: Heiden, Nichtgläubige, Nihilisten, Marxisten, religionsfeindliche atheistische Systeme, die totalitär das ganze Leben des Menschen umfassen und durchdringen. Auf sie kann man sich einstellen. Gegen sie kann man antreten, auch im Eifer für die Ehre Gottes. Dennoch möchte ich mich von diesem Psalm nicht dazu anstiften lassen, nun Feindbilder bewußt aufzubauen und zu fragen: »Wer ist des Christen Feind?« »Wo sind Gottes Feinde?«

Feindbilder verdecken oft kräftig eigene Schwächen. Die Feinde Gottes kommen durchaus nicht immer nur von außen (s. den Denkanstoß zum Anfang!). Außerdem: Drängen wir mitunter durch unser Leben Menschen in die Rolle des Feindes, weil wir Gott zu wenig die Ehre geben, so leisten wir unseren Beitrag zu den Trümmern auf dem Zion! Säkularisation und der aus der Religionskritik des 19. Jahrhunderts entstandene Atheismus haben ihre Wurzeln im Christentum! Bevor wir die Klagen über die Feinde Gottes erheben, sollten wir uns selbst fragen, wie *wir* es mit der *Ehre Gottes* halten! Ich lasse mich von diesem Psalm zur Buße rufen.

Zugleich zwingt uns der Psalm dazu, denen nachzugehen, die

sich von Gott abgewendet, ja ihm den Kampf angesagt haben, das aber dann im Sinne Jesu (vgl. Mt 5,44). Wenn ich vieles aus diesem Psalm nicht mitbeten kann, so doch ganz gewiß den Vers 2!

3. Beten mit Psalm 74

Der Abend könnte mit einem Gebet schließen, das *Klage – Lob und Dank und Bitte* aufnimmt.

Gesprächsanregungen

1. Einstiegsmöglichkeiten

Die Frage nach dem »Warum?« kann Eltern ganz schön auf die Nerven gehen, wenn ihre Kinder immer wieder damit ankommen. Auch bei den Erwachsenen gibt es diese Frage nach dem »Warum?«. Sie kommt hier aber nicht aus bloßer Neugier, sondern oft aus existentieller Betroffenheit.

Beispiele für solche Situationen nennen lassen, die die Frage nach dem »Warum?« herausfordern.

2. Inhaltliche Erarbeitung

Gemeinsam werden der Aufbau und die Thematik des Psalms erarbeitet (evtl. auch als Information durch den Leiter). Der Psalm ist ein Volksklagelied aus Trauer über den zerstörten Tempel und die Verwüstung des Landes.

Auffällig ist, daß im Mittelteil des Psalms (Verse 12–17) auf die Schöpfermacht Gottes angespielt wird. Warum wohl? Im dritten Teil des Psalms (Verse 18–23) wird die Sache des Volkes als die Sache Gottes deutlich gemacht (*dein* Name, *deine* Turteltaube usw.).

3. Thematische Weiterführung

Gespräch (in Gruppen) über Situationen aus dem persönlichen Leben und aus dem Leben der Kirche oder bestimmter Völker, in denen die Frage nach dem »Warum?« auftaucht.

- Wie kann man mithelfen, die wahren Ursachen für solche Unheilssituationen zu ergründen? Es gehört der Mut dazu, eigene und fremde Schuld zu erkennen und einzugestehen.

- Wie kann man solche Erfahrungen artikulieren: im Protest, in der Klage oder Anklage, im Gebet?
- Wie kann man mithelfen, daß sich Betroffene äußern lernen, damit das Vertrauen in die Hilfe Gottes erhalten bleibt bzw. neu geweckt wird?
- Woran kann man anknüpfen, um solches Vertrauen in Gottes Hilfe plausibel und nachvollziehbar zu machen?

Aus der Praxis

(1) Die Teilnehmer formulierten Stoßgebete zum Thema »DDR/BRD '90«.

(2) Psalm 74 wurde als Psalm mit »politischer Thematik« eingeführt.

(3) Der Lesung des Psalms folgte stilles Lesen (dazu die Aufgabe, auf die Situation zu achten, in der der Psalm entstanden sein mag).

(4) Kleingruppen tauschten sich über ihre Entdeckungen zur Situation aus.

(5) Im Plenum wurden die Ergebnisse zusammengetragen. Die Teilnehmer entdeckten: Der Psalm wurde in der Erinnerung an die Ereignisse von 587 v. Chr. gebetet.

(6) Nun sollten die 3 wichtigen Gebetsthemen von Psalm 74 entdeckt werden. Als Impuls dazu wurden 3 Kreise auf Packpapier gezeichnet. In die beiden ersten wurden die Stichworte von V. 1 und 2 geschrieben (WARUM? GEDENKE!). Die Gruppe ordnete sodann die entsprechenden Verse zu (also V. 1 und 3–11 bzw. V. 2 und 18–23). Danach wurde nach dem dritten Thema gefragt (V. 12–17). Die Gruppe fand: Hier wird Gott an seine Taten erinnert. In den 3. Kreis wurde geschrieben: ERINNERUNG. In diesem Zusammenhang wurde die Frage angedeutet: Darf man seine Feinde mit Chaosmächten gleichsetzen und folglich verteufeln?

(7) Klage, Bitte, Erinnerung wurden als *wesentliche* Elemente unseres Betens bezeichnet.

(8) Für die Gruppenarbeit wurde angeboten:
Fragen zum Gespräch
- Welche Hilfe bietet Psalm 74 für das persönliche Gebet?
- Welche Hilfe bietet Psalm 74 für die Fürbitte angesichts politischer Probleme?
- Darf man im Gebet Menschen verteufeln?

Aufgaben für kreatives Handeln
- Gestalten Sie aus Psalm 74 eine Geschichte!
- Malen Sie ein Bild zu Psalm 74!
- Gestalten Sie einen Klagepsalm zu Themen unserer Zeit!
- Gestalten Sie eine dramatische Lesung von Psalm 74, die Klage, Bitte und Erinnerung eindrücklich betont (evtl. mit Gesten u.ä.)!

(9) Wie die Gruppenberichte zeigten, wurde intensiv über das persönliche und das politische Gebet gesprochen. Ein zu Psalm 74 gemaltes Bild zeigte eindrücklich die Notsituation als Aufforderung zu Klage und Bitte (Leitwort dazu: V. 19). Eine Kleingruppe bot eine dramatische Lesung von Psalm 74, was im Plenum sehr spontan eine Diskussion darüber auslöste, wie wir im Gebet von den Feinden sprechen.

(10) Im Schlußwort wurde hervorgehoben, daß Psalm 74 zu ungeschütztem Beten ermutigt, wobei wichtig ist, daß Gebete keine Beschwörungen sein dürfen und Christen versuchen müßten, sich angesichts der Klage über Menschen an Jesu Fürbitte für seine Feinde zu orientieren.

Vergleichstexte

Wo Schmerz ist, da bist Du

Wie oft wenden wir uns von Dir ab.
Wie oft wenden wir uns von uns selbst ab.
Wie oft sind wir unzufrieden mit unseren Mitmenschen.
Herr, in dieser Not, Bedrängnis, Qual – an wen sollen wir uns wenden, wohin sollen wir gehen?

Hörst Du uns nicht? Siehst Du uns nicht? Kümmert es Dich nicht?

Herr, hörst Du den Schrei der Freiheitskämpfer, die ihr Leben für die Menschenrechte einsetzen?
Spürst Du die Sehnsucht der Frauen, die nach Gleichberechtigung verlangen?
Kümmerst Du Dich um die Gefangenen in Chile, die auf ihre Befreiung warten?
Beobachtest Du, wie Raketen mit Vielfach-Sprengköpfen in den Arsenalen sich häufen?
Siehst Du, daß Tausende von Menschen durch Flutkatastrophen und Erdbeben obdachlos wurden?
Und was ist mit den Millionen Frauen und Kindern, die der Krieg zu Flüchtlingen machte?
Die »Apartheid« in Südafrika und der blutige Streit zwischen Volksgruppen in Indien, quält Dich das?

Herr, wir wissen, daß Dir das zu Herzen geht, denn Du liebst die Welt und alle ihre Völker. Wir wissen, Dein Wille zielt auf Hilfe und Heilung. Wir wissen, daß Du uns brauchst für Dein Handeln.

M. A. Thomas (Indien)

Eine australisch-amerikanische Bergwerksgesellschaft führt Probesprengungen durch, um im Inneren Australiens Uranvorkommen zu erschließen. Von den Sprengungen betroffen ist auch der »Traumplatz« eines Stammes von Aboriginals, der für sie mit ihrem Schöpfungsmythos verbunden ist: Hier haben die grünen Ameisen, die Totemtiere dieses Stammes, den Stamm der Riratjingu »geträumt«. Und sie haben ihrem Stamm aufgetragen, diesen Platz zu bewachen. Sollte er jemals angetastet werden, würde die Welt zugrunde gehen.
Eine Gruppe von Aboriginals hält den Platz der Sprengungen besetzt und verhindert das weitere Vordringen der Caterpillars. Ringsum Zeichen der Zerstörung: aufgerissenes Land, Abraumhaufen, Müll, Staub. Hackett, leitender Bergwerksangestellter, verhandelt mit Miliritbi, dem Stammesältesten, und macht Angebote,

um einen Kompromiß zu finden. Aber die Verhandlungen stokken. Es gibt keine Verständigung.

Miliritbi zu Hackett: Sind Sie Christ?

Hackett: Nein. Das heißt ja, ich wurde so erzogen.

Miliritbi: Was würden Sie sagen, wenn wir mit Bulldozern und Preßlufthämmern in Rom in die Peterskirche kämen und anfingen zu graben?

Nach einer Filmerzählung

Es ereignete sich der 9. November mit all den Terroraktionen gegen die jüdische Bevölkerung. Er fand eine aus dem Schritt geratene und auf den Mund geschlagene Schar von Christen vor. Als in jener Nacht vom Mittwoch auf Donnerstag auch in Köslin die Synagoge brannte, war Bonhoeffer, wie zur zweiten Wochenhälfte üblich, gerade nach Groß-Schlönwitz hinter die Wälder gefahren. So hörte er erst später, was im Reich geschehen war ... In der Bibel, welche Bonhoeffer zu Gebet und Meditation benutzte, hat er in Psalm 74 unterstrichen »Sie verbrennen alle Häuser Gottes im Lande« und daneben geschrieben »9.11.38« und dann die Fortsetzung mit Strich und Ausrufungszeichen versehen: »Unsere Zeichen sehen wir nicht, und kein Prophet predigt mehr, und keiner ist bei uns, der weiß wie lange.« Im Rundbrief, welchen er wenige Tage danach an die Finkenwalder verfaßte, sagte er: »In den letzten Tagen habe ich viel über Psalm 74 ... nachgedacht. Das führt sehr ins Gebet. Es mag in dieser Zeit gewesen sein, daß er den Ausspruch tat: ... »Nur wer für die Juden schreit, darf auch gregorianisch singen.«

E. Bethge

6. Abend
Zerschlagen – aufgerichtet
Psalm 130

Auslegung
Zuversicht des einzelnen und der Gemeinschaft

Text

Ps 130 bietet ähnlich wie Ps 104 einen weitgehend problemlos verständlichen Text. Einzig V. 5 und 6 scheinen leicht durcheinandergeraten zu sein. Mit Marrs (1988: 84) lese ich:

5 *»Ich harre auf den Herrn, ich warte auf sein Wort.*
6 *Mein Lebenswille (nefeš) harrt auf den Herrn,*
mehr als die Wächter aufs Morgenrot.«

Aufbau

Wie andere Wallfahrtspsalmen (z. B. Ps 120, 123), charakterisieren auch diese Wiederholungen, die bei einem ersten Durchlesen den Eindruck erwecken, als trete man zweimal an einen Ort oder lehne sich bei der zweiten Bewegung gar leicht zurück, um dann in der dritten einen Schritt weiterzukommen, z. B. in V. 2:

»Herr, höre auf mein Rufen,
deine Ohren mögen aufmerken
auf mein flehentliches Rufen!«

Eine ähnliche Bewegung haben wir in V. 5 und 6 und 7b–8.

Wenn wir auf die Sprechsituation achten, stellen wir ein ähnlich zögerndes, ruckweises Vorwärtsschreiten fest:

V.1–2	Das Ich wendet sich direkt an Gott (Ich – Dich).
V.3–4	Gott (Du) wird auf sein Verhalten dritten gegenüber (Er) angesprochen. Damit erfolgt eine Generalisierung.
V.5–6b	kehren zum Ich von V. 1–2 zurück, das aber nicht mehr direkt Gott anspricht, sondern über sein Verhältnis zu Ihm redet.
V.6c–8	erheben dieses Verhältnis zum Paradigma. Israel wird aufgefordert, es solle sich Ihm gegenüber ebenso verhalten.

Wir haben also ein Fortschreiten vom einzelnen zur Gemeinschaft. Das Verhalten der beiden soll sich entsprechen. Das wird durch einen Chiasmus unterstrichen: Weil JHWH Unheilssituationen nicht konserviert (A), sondern bei Ihm Vergebung ist (B), hofft das betende Ich (C), und genauso soll Israel hoffen (C′), denn bei JHWH ist auch für es Loskauf (B′) aus allen Unheilssituationen (A′). Gemeinschaft lebt von der Hoffnung des einzelnen, wie etwa in Ps 23 der einzelne von der der Gemeinschaft zehrt.

Traditionen und Erfahrungen

V. 1–2: Mit dem ersten Wort »Aus den Tiefen« (lat. *De profundis*) hat sich dieser Psalm tief in die christliche Gebetstradition eingeprägt. An den anderen vier Stellen, an denen das Wort *maʿamaqim* »Tiefen« noch vorkommt, ist es stets mit irgendeiner Form von Wasser verbunden (Jes 51,10; Ez 27,34; Ps 69,3.15). So wollte man auch hier einen dieser Begriffe ergänzen und hat entsprechend an einen Beter in Seenot gedacht (Ps 107,23–28) oder an einen, der in einer Zisterne, in der sich noch Wasser findet, gefangen ist (Jer 38,6), oder an eine ähnliche Situation. Aber der Erfolg des Psalms dürfte zu einem nicht geringen Teil gerade in dem ebenso suggestiven wie offenen Bild begründet sein, in dem alle von äußerer oder innerer Not Deprimierten ihre Situation erkennen konnten. Der Schrei zu JHWH nimmt ihr die Ausweglosigkeit.

Ebenso allgemein wie die Situationsbeschreibung ist die Bitte um offene, aufmerksame Ohren. Sie hat z. B. im alten Ägypten in

Form zahlreicher kleiner in den Heiligtümern deponierter Stelen sichtbaren Ausdruck gefunden, auf denen nichts als zwei oder mehrere Ohren zu sehen sind (vgl. Keel 1984: Abb. 263). Siehe Abb. 14!

Auch die V. 3–4 bringen das Anliegen des Beters nicht deutlich zutage. Nur indirekt bringt das Ich zur Sprache, was es drückt. Es kann darin nicht nur demütige Scheu, sondern auch ein zuversichtliches Vertrauen zum Ausdruck kommen, das damit rechnet, der Angesprochene wisse, was es brauche. Gott bewahrt die *ʿawonot* nicht, erhält sie nicht am Leben, trägt sie nicht nach, weil sonst kein Mensch Bestand hätte. *awonot* wird normalerweise mit »Sünden« wiedergegeben. Wörtlich und weniger moralisierend sind es Verdrehtheiten, Verkehrtheiten, unglückliche, böse Situationen, die man dann als Strafen deuten kann. Die Spannweite des Begriffs wird in den verschiedenen Übersetzungen von Gen 4,13 oder Jes 5,18 sichtbar. Die allgemeine Unheilsverfallenheit des Menschen wird in den Psalmen (143,2), in der Weisheitsliteratur (Ijob 15,14–16; Spr 20,9; Pred 9,3) und in der erzählenden Literatur immer wieder angesprochen (Gen 8,21).

»Ja, bei Dir ist die Vergebung, damit man Dich fürchte.«

Das betonte »bei Dir« suggeriert einen Gegensatz, vielleicht zu den Menschen, und »die Vergebung« mit Artikel könnte andeuten, daß Sündenvergebung nur von Gott kommt und kommen kann (Mk 2,7). Merkwürdig berührt das Ziel, »damit man Dich fürchte«. Vergebung ist doch ein Akt der Liebe, und die Liebe vertreibt die Furcht (1 Joh 4,18). Das hebr. *jareʾ* »fürchten« aber meint nicht Furcht im Sinne von Angst, sondern Ernstnehmen, Respektieren, Verehren. Schwache Persönlichkeiten meinen, Vergebung, die ja Klarstellung der verkehrten Situation voraussetzt, schwäche ihre Autorität. In Wirklichkeit vergrößert sie nichts so sehr. Sie bedeutet ja, einem Menschen neu Leben, glückliches, heiles Leben schenken.

V. 5–6b: Nach dieser diskreten Andeutung des Problems beschreibt das Ich, wie es angespannt auf JHWH und sein vergebendes Wort wartet. Sein Warten ist sehnsüchtiger als das der Wächter auf den Morgen. Wächter waren in den unsicheren Zeiten nach

Abbildung 14 a

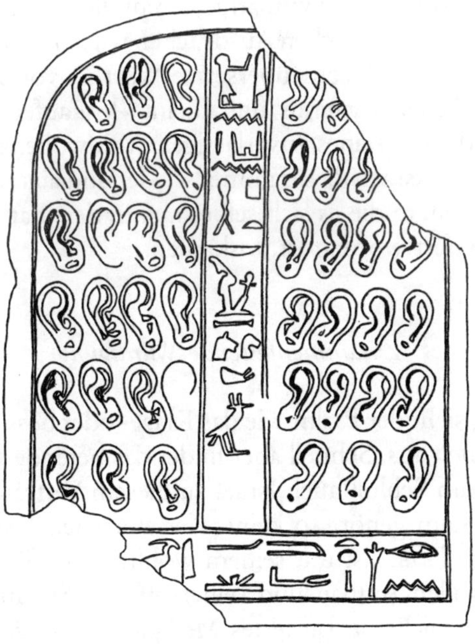

Abbildung 14 b

dem Exil, besonders in der Nacht, eine wichtige Einrichtung (Neh 4,16f.; Ps 127,1). Wachen war – bei fehlenden effizienten Beleuchtungsmöglichkeiten – ein unsicheres und beunruhigendes Geschäft (vgl. Jes 21,11f.). Der Text sagt nichts darüber, wie er sich das (vergebende) Wort vorstellt. Ist es irgendein Ereignis, was das hebr. *dabar* ja auch bedeuten kann, das die unglückliche Situation überwinden hilft? Ist es das Wort irgendeines Mitmenschen oder das eines Priesters, der es im Zusammenhang mit einem Schuld- oder Sündopfer spricht? Auch hier läßt der Psalm wieder alles offen.

V. 6c–8: Den Vergleich mit den Wächtern wiederholend, wird Israel aufgefordert, wie das sprechende Ich (s. *Aufbau*) auf JHWH zu warten, weil bei Ihm die *hesed* ist. Der Begriff wird oft mit »Gnade« übersetzt. Aber »Gnade« ist längst zu einer leeren Worthülse georden. »Gnade« gibt es in der Alltagssprache nicht, und wenn es sie noch gibt, will sie niemand haben. Wenn wir sehen, wie und in welchen Zusammenhängen *hesed* im AT gebraucht wird, z. B. in Gen 20,13; Rut 2,20; 3,10 usw., sehen wir, daß es angemessener ist, das Wort mit »Sympathie, Freundlichkeit, zuverlässiges Wohlwollen« oder ähnlichen Ausdrücken wiederzugeben. Das mit »Erlösung« und »erlösen« übersetzte Wort ist von Haus aus ein handelsrechtlicher Terminus und meint »loskaufen, freikaufen«. JHWH wird dank seines zuverlässigen Wohlwollens, dank seiner Sympathien für Israel, dieses immer wieder und aus allen furchtbaren Situationen, in die es sich selber manövriert hat oder von andern manövriert worden ist, loskaufen.

Zusammenfassende Würdigung

Am Anfang sieht der Psalm wie das Klage- oder besser Bittgedicht eines einzelnen aus. Schnell aber findet das betende Ich zum Vertrauen, um am Schluß auch Israel zu diesem Vertrauen aufzufordern. Der Psalm gehört so keiner der einfachen Gattungen an.

Der kleine Psalm ist mit seinem wohltuenden Rhythmus, seinem kunstvollen Aufbau und seiner offenen Situationsbeschreibung wie ein nichtspezialisiertes Medikament, etwa ein Aspirin, das man in den verschiedensten Not-Situationen verwenden kann.

Das Ich, das ihn spricht, findet nicht nur selber zu ruhiger Gewißheit, sondern versucht auch noch, das so oft von Krisen geschüttelte Israel hineinzuziehen. Eindrücklich spielt es so die Rolle dessen, der Trost braucht und diesen Trost darin findet, daß es andere zur Zuversicht ermuntert.

Vortragsanregungen

1. Denkanstoß zur Einleitung

Jeder Mensch kennt Tiefen in seinem Leben (im Umgangsdeutsch wird vom »Tief« gesprochen). Sie können uns schwer zu schaffen machen. Der Beginn des Psalms dürfte uns deshalb sofort ansprechen.

Ein säkularer Vergleichstext:

Mit der Krise des real existierenden Sozialismus 1989/90 brach für viele Menschen eine Welt zusammen. Ihr Leben war bis dahin geradlinig (und linientreu) verlaufen. Anfang 1990 ging ein Brief einer Frau aus einem Dorf im Norden Berlins durch die Zeitungen. Er war gerichtet an die Schriftstellerin Helga Königsdorf, die zusammen mit anderen Krisenhilfe angeboten hatte.

»Nun die Enthüllungen, die ersten nicht geglaubt. Ein Leben lang Utopien nachgejagt? Wir hätten es doch aber packen können! Und jetzt stehen so viele auf und schreien, sie wurden verfolgt. Unrecht soll gesühnt werden. Aber wie viele segeln jetzt im Windschatten? ... Täglich neue Forderungen – fleißige Arbeit und gemeinsames Vorgehen hat man vergessen. Beschimpfungen für jeden, der nicht sofort zu allem ›Hurra‹ schreit.... Wo ist meine Lebensperspektive? Noch drei Jahre bis zur Rente – ob ich das schaffe? Schlafstörungen, Kreislaufprobleme, unlösbare Fragen. Ist das ein Fazit des Lebens? Manchmal möchte ich nicht mehr aufwachen früh. Wie lösen andere Menschen diese Probleme? Wie bewältigt man das alles?« (Berliner Zeitung vom 24./25. Februar 1990, Seite 9).

Solche Briefe schreiben Atheisten und Christen. Krisen und Anfechtungen gehören zum Leben. Die Frage dieses Briefes bleibt: »Wie bewältigt man das alles?«

2. *Begegnung mit dem Psalm*

a) Die »Tiefe« des Beters

»Tiefe« ist für den Beter des 130. Psalms ein dunkles Wort. Das hebräische Wort erinnert mit der Bedeutung »Wassertiefe« an die Chaosfluten (vgl. zu Ps 104 u. die Exegese). In diesen Wassern tummeln sich die den Menschen bedrohenden Dämonen.

So steht das Bild von der Tiefe in den Psalmen für todesähnliche Situationen. Der Psalm sagt uns allerdings nichts über die konkreten Tiefenerfahrungen und Bedrohungen dieses Beters. Im Gegenteil: er verallgemeinert fast lehrhaft (V. 3 und 4). Er erinnert daran, daß alle Menschen der Sünde verfallen sind und die Vergebung Gottes brauchen. Das Gebet kommt aus der Tiefe, aber es wird keine Klagestunde angesetzt. Es geht um die Überwindung der Tiefe.

b) Schreien und hoffen

Die Tiefe ist schon in der Tiefe überwunden. Der Beter schreit zu Gott. Er bittet ihn, ihm die Ohren zu öffnen, ihn zu hören. Ohren sind für den altorientalischen Menschen Symbol für einen Gott, der Gebete erhört. In den Tempeln wurden Denksteine gefunden, die oft nicht mehr zeigen als zwei große Ohren. Sie stehen für den Gott, zu dem gebetet wurde. Über den Ohren war der Name dieses Gottes eingraviert, unter ihnen der Name des Stifters, der zum Dank für die Erhörung den Stein hatte aufstellen lassen (vgl. O. Keel, Die Welt der altorientalischen Bildsymbolik, S. 172). Der Mensch in der Tiefe weiß: Jahwe erhört Gebete (vgl. Ps 65,3). Zu ihm kann er schreien: Wende dein Ohr zu mir! (Ps 17,6; 31,2). So kann der Mensch mit diesem Gott umgehen! Hier hat er einen, der hört – auch aus der Tiefe, der Todesnähe. Man kann, muß aber nicht erst an Tiefenpsychologie und Psychotherapie erinnern, um bewußtzumachen, wie helfend das Schreien aus der Tiefe sein kann. Jeder Mensch sucht ein Ohr, das ihn hört. (Letzteres kann gut verdeutlicht werden an dem Roman von Taylor Caldwell, »Ist niemand da, der mich hört?«, St. Benno-Verlag, Leipzig 1987.)

Neben der Tiefe steht in diesem Psalm die erstaunliche Gewißheit: Der Beter *hofft* auf eine Antwort (V. 5). Der Grund dafür ist die Gewißheit der Erlösung Israels. Darum kommt zum Schreien das »Harren« und »Warten«. »Harren« gilt uns als ein passiv belastetes Wort. Hier ist dagegen ein Angespanntsein aller Kräfte, höchste Konzentration, gemeint.

Der Beter wartet auf Vergebung und Hilfe, aber umfangen von einer großen Geborgenheit. Der Psalm wird zu einem *»Lob aus der Tiefe«* (Claus Westermann).

Ist dieser Psalm nicht auch eine Anfrage an *unser* Beten? Schreien wir noch? Wie ist es mit der Gewißheit, daß Gott uns hört? Wie findet sich das in den Gebeten unserer Gottesdienste oder in unserem persönlichen Gebetsleben wieder?

3. Beten mit Psalm 130

Zum Abschluß könnte an das Gebetszeugnis aus der Tiefe des Judentums erinnert werden. Es lohnt sich auch, an Luthers Umdichtung des 130. Psalms zu erinnern. Er hat die Spannung zwischen dem Schreien aus der Tiefe und dem Hoffen in Geborgenheit verdichtet.

Gesprächsanregungen

1. Einstiegsmöglichkeiten

Tiefenerfahrungen: Es geht um Situationen in unserem Leben, wo wir völlig »unten« waren und wo es kaum Aussicht auf Hilfe gab.

a) Bilder und Fotos mit schlimmen Situationen aussuchen lassen, dazu persönliche Äußerungen; die Bilder an die Wand oder an eine Schnur hängen.
b) Tiefenerfahrungen aus dem eigenen Leben auf einen Zettel schreiben.
c) Bildliche Gestaltung (durch Farben).

Gespräch über die Empfindungen in solchen Tiefenerfahrungen.

2. Inhaltliche Erarbeitung

- Gemeinsame Suche nach der zutreffenden Kennzeichnung dieses Psalms: Handelt es sich um ein Klagelied, einen Bittruf oder um einen Vertrauenspsalm?
- Gespräch über mögliche konkrete Erlebnisse, die dem Psalm vorausliegen könnten (Krankheit, Schuldhaft, Todesgefahr).

3. Thematische Weiterführung

Im Gespräch (eventuell in Gruppen) werden einige für das Leben wesentliche Akzente des Psalms sichtbar gemacht:

a) Aufstieg aus der Tiefe
   - Wie wird die Tiefe erfahren und empfunden?
   - Wodurch sind solche schweren Stunden überwunden worden: durch eigene Anstrengung, durch fremde Hilfe?
   - Welche Rolle spielte dabei der Glaube an Gott?

b) Überwindung der Isolation
   Notsituationen isolieren oft den Betroffenen, weil sich die anderen zurückziehen oder nicht helfen können.
   - Wie haben wir solche Isolation erlebt?
   - Was kann geschehen, damit die Gemeinschaft zurückgewonnen wird?
   - Wie kann man für jemanden dasein, auch wenn man die Not nicht beheben kann?

c) Mimische Darstellung (für kleine Gruppen)
   Tiefensituationen erzählen; dazu die Ausgangssituation des Psalms skizzieren – Mimische Darstellung von Tiefe (Liegen, Kauern) – Psalm lesen, dazu Veränderung der Haltung (aufrichten, stehen).

Aus der Praxis

(1) Der Psalm wurde langsam und meditativ gelesen.

(2) Entscheidende Begriffe des Psalms wurden entfaltet: TIEFE (»Ort der Glaubens- und Existenzgefährdung«), ERHÖRE MICH (»Die Vernunft sagt: Keiner hört. Der Beter aber weiß: Gott hört mich!«), SÜNDE (»Sünde zeigt sich in Einzeltaten und in der Grundhaltung.«), VERGEBUNG (»Annahme des Schuldigen«) und WARTEN (»Wer aufhört zu warten, verliert die Perspektive seines Lebens.«)

(3) Aufgabe für die Gruppen war es, über »Tiefe«, »Sünde und Vergebung« sowie über »Warten« nachzudenken.

(4) Aus den Gruppen wurde berichtet: »In den Tiefen unseres Lebens dürfen wir mit Befreiung und Hilfe von Gott her rechnen. Freilich gehört zur Umkehr zu Gott auch die Umkehr zur

Tiefe, d. h. zu einem Leben mit ›Tiefgang‹.« »Sünde ist die Haltung: Wir haben alles im Griff! Hier sind Vergebung und Neuanfang nötig.«
- »Warten heißt keinesfalls nur stillesein, sondern auch erwartungsvolles Handeln.«

Vergleichstexte

Herr, Du beschämst mich

Herr, beschäme mich, wenn ich vergesse, wie Du mich bis hierher geführt hast, wenn ich zweifle an der Kraft Deiner Vaterhände, wenn ich über andere spotte, die Dir vertrauen, wenn ich mir meiner Kraft zum Handeln nicht bewußt bin. Gnade, Herr, Gnade!

Ich bin ein Gemisch aus Glauben und Zweifel. Verlasse ich mich allein auf meinen Verstand, bleibe ich ein Mensch der Zweifel. Nur wenn ich mich auf Dich verlasse, werde ich ein Mensch des Glaubens.
Hilf mir, Herr, im Glauben und Zweifel mit Dir zu gehen.
Beschäme mich, wenn ich Deinen Verheißungen untreu werde. Amen.

M. J. Joseph (Indien)

Morgengebet

O Gott, unser himmlischer Vater! Wir, Deine Kinder, stehen Dir zu Füßen mit unseren demütigen Bitten. Wir können nicht leben ohne Deinen Segen. Das Leben ist zu hart für uns, die Pflichten sind zu groß. Wir werden entmutigt, und kraftlos hängen unsere Hände herab. Wir kommen zu Dir mit unserer Schwäche und bitten Dich um Kraft. Hilf uns, immer guter Laune zu sein. Laß Schwierigkeiten uns nicht entmutigen. Gib, daß wir niemals zweifeln an Deiner Liebe oder irgendeiner Deiner Verheißungen. Gib uns Gnade, damit wir andere ermutigen und niemals entmutigen. Laß uns nicht voll Traurigkeit und Furcht unter den Menschen herumlaufen, sondern mach uns zum Segen für jeden, dem wir begegnen; zu Menschen, die das Leben leichter, nicht schwerer machen für alle, die in unseren Einflußbereich kommen. Hilf uns, für andere ein Christus zu sein, daß sie etwas von seiner Liebe in unserem Leben sehen und lernen, ihn in uns zu lieben.

Wir bitten Dich flehentlich, erhöre uns, nimm unser Gebet an, und vergib unsere Sünden um Jesu Christi willen. Amen.

J. R. Miller (England, 1840), Übersetzung: G. Klätte

»Wenn du wüßtest, Großmutter, was für Maschinen die Menschen gebaut haben! Dir würde es nicht mal im Traum einfallen ... Du meinst Menschen von früher, die vor hundert Jahren gelebt haben.« Mißmutig wendet Darja sich von ihren Kochtöpfen weg. »Ich weiß, wovon ich rede. Vor hundert Jahren! Vor hundert Jahren haben die Menschen in Ruhe und Frieden gelebt, sag ich dir. Von dir rede ich, von euch, davon, wie's heutzutage zugeht. Knochenlahm macht ihr euch nicht, das stimmt freilich. Eure Knochen, die schont ihr fein. Bloß daß ihr eure Seele verplempert habt, das kümmert euch nicht. Hast du wenigstens mal davon gehört, daß der Mensch eine Seele hat?« Andrej muß lächeln. »Die soll es geben, sagt man.«

»Spotte nicht, es gibt sie. Bloß ihr habt euch selber eingebleut, was man nicht begucken und betasten kann, das gibt's auch nicht. Ein Mensch, in dem eine Seele steckt, hat Gott in sich, mein Junge. Du brauchst's nicht zu glauben, wenn du nicht willst; kratz allen Glauben aus dir raus – hilft nichts, auch in dir ist er drin. Nicht oben im Himmel. Und er segnet dich und beschützt dich und weist dir den rechten Weg. Und noch mehr tut er: hält das Menschliche in dir wert und teuer. Damit du als Mensch geboren wirst und Mensch bleibst. Damit du Güte in dir trägst. Wer aber die Seele aus sich rausgeätzt hat, der ist kein Mensch mehr, wird nie mehr einer! Der schreckt vor nichts mehr zurück, der blickt sich nicht mal um ... Die Maschinen aber, die werden euch noch die Sehnen aus dem Leib zerren und die Erde verschandeln, darin sind sie Meister ... Und ihr müßt noch schlimmer pusten, wenn ihr dranbleiben wollt. Kein Sinn, keine Zeit mehr, an sich zu denken, ans Menschliche ...

euch selber verplempert ihr unterwegens. Das, was ihr braucht, um schneller voranzusausen, das bewahrt ihr, alles andere – überflüssig.«

V. Rasputin

Die Worte der Großmutter – aus Rasputins »Abschied von Matjora« – sind ein Loblied auf Gottes Gnade, Behütung und Gebot. Dieser Vergleichstext eignet sich auch und noch mehr zu Psalm 103.

7. Abend
Verdrängen – erinnern
Psalm 103

Auslegung
Jesu Lieblingspsalm

Aufbau

Ps 103 wird wie Ps 104 durch die Selbstaufforderung zum Lob eingerahmt: *»Lobe, meine Lebenskraft (nefeš), den Herrn ...«* (V. 1a.22c). Diese Selbstaufforderung ist hier allerdings enger mit dem folgenden verbunden als in Ps 104. Ps 103,1a hat im Gegensatz zu 104,1a eine streng parallele Entsprechung in 103,1b *»... und mein ganzes Inneres, seinen heiligen Namen!«* Zudem wird die Aufforderung in V. 2a wiederholt und in V. 2b mit der Aufforderung, seine Wohltaten nicht zu vergessen, variiert. Am Schluß erscheint das zum Lob aufgeforderte Subjekt als letztes in einer vertikalen Reihe (V. 20–22), die von den Boten Gottes über alle Geschöpfe bis zum Ich reicht, das sich auffordert, mitzuloben.

Wie schon zum Aufbau von Ps 104 ausgeführt wurde, setzt sich ein normaler Hymnus aus der Aufforderung zum Lob und der Begründung derselben zusammen. Im ersten Teil der Begründung (V. 3–5), der im typisch hymnischen Partizipialstil formuliert ist, wendet sich das betende Subjekt – wie in der Aufforderung zum Lob – an sich selber. Gottes Wohltaten, die nicht vergessen, sondern genannt werden sollen, sind dem betenden Subjekt zuteil geworden und werden ihm stets noch zuteil. Dabei werden die Beseitigung von drei negativen und die Zuwendung von drei positiven Größen genannt, die je eine Steigerung bedeuten. Bei den negativen sind es Schuld, Krankheit und Tod, bei den positiven entsprechend Krönung mit Erbarmen, Sättigung mit Gutem (Krankheit ist Schwäche) und Erneuerung der Jugend. Gleichzeitig bilden die sechs Glieder eine Art Chiasmus, wie bei Ps 23, wo Steigerung und Chiasmus auch kunstvoll kombiniert sind: Der Vergebung (A) entspricht die Erneuerung der Jugend (A′), der Schwäche-Krankheit (B) die Sättigung mit Gutem (B′) und dem Loskauf vom Tod (C) die Krönung mit zuverlässiger Treue und Erbarmen (C′), die den härtesten Kontrast und den Kern des Chiasmus bilden. Wie Gott Negatives beseitigt, so wendet er Positives zu.

In den V. 6–18 scheint dieses Verhalten Gottes vom betenden Subjekt auf alle Menschen ausgedehnt zu werden. Wie die Stichwörter »Mose« und »Israel« (V. 7) und »der Bund« und »seine Bestimmungen» (V. 18) verraten, scheint mit »uns« aber nicht primär die ganze Menschheit, sondern die Gemeinde JHWHs gemeint zu sein, wenn auch der Hinweis auf die Vergänglichkeit des Menschen (V. 14–16) und ähnliches die Türen weit offenhalten und keinerlei scharfe Abgrenzung der eigenen von den Erfahrungen der Menschheit im allgemeinen vorgenommen, sondern die Grenzen da und dort bewußt verwischt werden.

Die Heilstaten von V. 6 scheinen eng mit den Wegen, mit denen JHWH Mose vertraut gemacht hat (V. 7), verbunden zu sein, denn die Erfahrung dieser Heilstaten (V. 17) wird in V. 18 von der Bewahrung und Einhaltung dieses Bundes und seiner Satzungen abhängig gemacht. Der Kern dieser harten Schale ist allerdings erheblich weicher. Sein Thema wird in V. 8 mit der Bekenntnisformel aus Ex 34,6 angeschlagen, die in den Psalmen verschiedentlich verwendet wird (86,15; 145,8). Das Echo auf ihr erstes Wort (*rahum*) »mitfühlend, erbarmungsvoll« findet sich in V. 13, der JHWH mit einem »mitfühlenden« Vater vergleicht (zweimal *riham*). Als »innerster« Begriff des positiven Dreiklangs erscheint nach »Heilstaten« (V. 6 und 17) und »Mitgefühl« (V. 8 und 13) in den V. 8 und 11 »zuverlässige Freundlichkeit, Sympathie« (*hesed*). Als konkreter Ausdruck dieses zuverlässigen Wohlwollens werden in den V. 9 und 10 vier mit »nicht« eingeleitete Verhaltensweisen genannt, die allesamt besagen, daß JHWH nicht in der unter Menschen üblichen Weise Vergehen erinnert und ahndet. Im Anschluß ans zweite *hesed* wird in V. 12 positiv gesagt, daß er sie so weit entfernt wie der Sonnenaufgang vom Untergang, also denkbar weit. Die in den V. 10 und 12 für die Vergehen verwendeten drei Begriffe haben zunehmend größeres Gewicht: Vergehen, Schulden oder Verkehrtheiten und endlich Auflehnungen, Rebellionen.

In merkwürdigem Gegensatz zu dieser unbegrenzten Vergebungsbereitschaft scheint die dreimalige Aussage zu stehen, daß Mitgefühl und Sympathie jenen gelten, »die Ihn fürchten, respektieren« (V. 11.13.17), »seinen Bund bewahren« und »sich seine Satzungen vergegenwärtigen« (V. 18). Die Lösung dieser Spannung findet sich im Hinweis auf die menschliche Schwäche (V. 13–15).

Schon im Mittelteil (V. 6–18) wurde von den Erfahrungen Israels z. T. in einer Weise geredet, die eher an die allgemeinen Bedingungen des Menschseins als an spezifisch israelitische Verhältnisse erinnerte. In den V. 19–22b wird die Grenze nicht nur überschritten, sondern aufgehoben. Der Grund wird in V. 19 genannt. JHWH hat seinen Thron im Himmel aufgeschlagen, und seine Herrschaft erstreckt sich so über alle Reiche (V. 19b und 22b). In den V. 20–22b werden dementsprechend alle Engel (»Boten«), Heerscharen, ja alle Geschöpfe aufgefordert, ihn zu preisen. Die Ausdehnung von Israel (V. 6–18) geschieht eigenartig vertikal. Nicht in die Breite, sondern in die Höhe wird der Kreis der Verehrenden erweitert.

Erfahrungen und Traditionen

V. 1.–2: Das Verb *barek*, mit dem sich das sprechende Subjekt selber zum Lob auffordert, bedeutet, mit Gott als Subjekt: ähnlich wie das lat. *benedicere* »segnen« (vgl. *baruk* = *benedictus*), mit dem Menschen als Subjekt aber »lobpreisen« und ähnliches. Lob ist also eine Art Zurückstrahlen des Segens, keine willkürliche auferlegte Pflicht, sondern ein Vorgang, der sich aufdrängt. Wenn das betende Subjekt sich selber auffordert, dies zu tun, dann deshalb, weil wir vieles, was auf uns einwirkt, in unserm Innern versinken lassen, weil wir zu ängstlich, zu träge, zu stolz sind, es zurückwirken zu lassen.

Das betende Subjekt fordert sich nicht auf, Gott zu »segnen«, von Gott »gut zu reden«, sondern von »seinem heiligen Namen«,

»seinen Wohltaten«. Der Name drückt nicht, wie oft gesagt wird, das Wesen Gottes aus, sondern benennt eine Erfahrung. Ein Begriff wie »Wesen« ist dem AT ganz fremd. Gott hat viele verschiedene Namen und Titel. Sie entsprechen ebenso vielen Erfahrungen. Das ist auch bei den Menschen so. Hänschen, Johannes, Schatz, Herr Müller, der große Idiot von nebenan, Herr Direktor, Papa usw. entsprechen verschiedenen Erfahrungen, die verschiedene Leute zu verschiedenen Zeiten mit ein und derselben Person gemacht haben.

V. 3–5: Die Namen bzw. Titel (Partizipialformen), die das sprechende Subjekt dem Gott gibt, den es erfahren hat und deshalb loben will, sind: Verzeiher, Arzt, Retter, Krönender und Sättigender. Partizipien partizipieren am Verb und am Substantiv; sie beschreiben eine Größe unter dem Aspekt des Handelns. Das Handeln Gottes, das das betende Subjekt am eigenen Leibe erfahren hat, ist Nachsicht im Falle von verkehrten Situationen und Schuld, Heilung im Falle von Schwächen und Krankheiten und die Errettung von der Fanggrube, die als Symbol für den unzeitigen Tod steht (Ps 7,16; 49,10). Aber nicht nur in der überraschenden Bewahrung vor diesen Beeinträchtigungen, die dem Menschen stets und überall lauern, sondern auch in positiven Zuwendungen ist Gott erfahren worden – in Freundlichkeit, Sympathie und Mitgefühl und in der Sättigung mit Gütern aller Art, in denen wir das höchste Gut ahnen können.

All das bewirkt, daß dem sprechenden Ich die Jugendkraft immer wieder neu wird »wie der Geier«. *nešer* heißt »Geier«, nicht »Adler«. In Mi 1,16 ist von der Glatze des *nešer* die Rede. Der Adler hat keine solche. Der Adler fand im alten Orient kaum Beachtung. Der Geier war hingegen ein hoch angesehener Vogel (vgl. die Geier-Göttin Nechbet in Ägypten, Abbildung 15). Erst die Griechen haben ihn verachtet und das hebr. Wort mit »Adler« wiedergegeben. Die etwas explizitere Parallele zum Geier-Vergleich in Jes 40,31 legt nahe, als Vergleichspunkt das Nachwachsen der Schwingen zu sehen. Wie dem Geier die großen Schwingen und Schwanzfedern nach- und neuwachsen, so erlahmt dem betenden Ich die Jugendkraft nicht. Vielleicht ist aber auch (gleichzeitig) an das Sicherheben, sichaufschwingen gedacht, das man ja bei den Geiern,

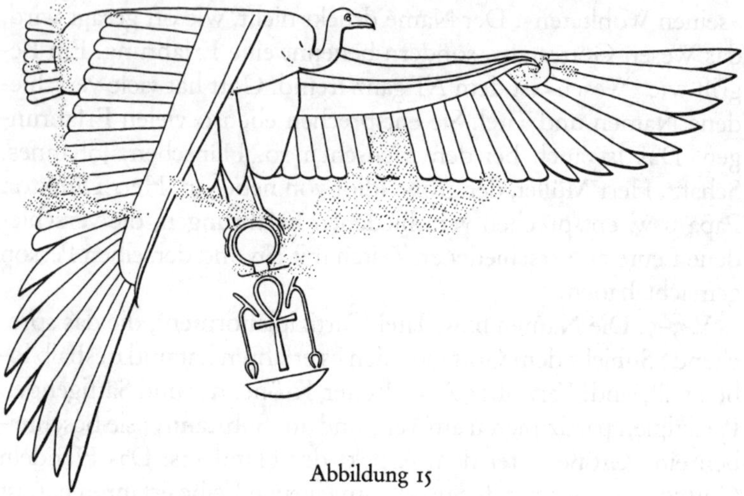

Abbildung 15

wenn sie auf ihrem Aas gestört wurden, so leicht beobachten konnte. Für das Motiv des Vogels Phönix, der, verbrannt, sich neu aus der Asche erhebt, gibt es im AT keine eindeutigen Belege.

V. 6–18: Von V. 6 an spricht das betende Ich nicht mehr zu seinem eigenen Lebenswillen, seiner eigenen Lebenskraft. Es spricht von JHWH, der generell Unterdrückten Recht und Heil verschafft. Die Option für die Armen wird in V. 7 sogleich an den Wegen und Taten der Mosezeit exemplifiziert. Diese werden in V. 8 im Bekenntnissatz aus Ex 34,6 zusammengefaßt. Die Fortsetzung dieses Satzes in Ex 34,7 wird in V. 17 und 18 variiert. In den V. 9–16 steht eine Art Kommentar zu diesen Sätzen des israelitischen Credos. JHWHs Mitgefühl und seine zuverlässige Freundlichkeit zeigen sich zuerst einmal darin, daß Er in vielen Fällen *nicht* handelt (V. 9 und 10). Er zieht einen Streit nicht endlos weiter (vgl. Jes 57,16), sondern ist unter Umständen trotz unserer Herzenshärte bereit, uns gewähren zu lassen, um uns nicht zu überfordern und uns jeden Lebensmut zu nehmen. Alte Geschichten tischt er nicht immer wieder auf. Weder geringe noch schwere Vergehen stellt er voll in Rechnung (1 Kor 13,5). Nach V. 12 entfernt er sie so weit wie überhaupt möglich, vom Sonnenaufgang zum Sonnenuntergang, so daß sie aus unserem Gesichtskreis entfernt sind.

Nach V. 11 erhebt sich Gottes zuverlässige Freundlichkeit (*hesed*) umfassend und übergreifend wie der Himmel über der Erde über denen, die ihn fürchten. Nach V. 13 fühlt Gott wie ein Vater mit seinen Kindern mit – mit denen, die ihn fürchten. Zu *hesed*, das in V. 8, 11 und 17 auftaucht, vgl. oben den Kommentar zu Ps 130,6c–8! Das in V. 13 zweimal verwendete *riham*, das auch – in der Form *rahum* – als erstes Wort in V. 8 steht und das hier mit »mitfühlen« wiedergegeben ist, wird sonst meist mit »erbarmen« übersetzt. Das Verb *riham* ist eine Ableitung vom Substantiv *rehem* »Gebärmutter«, »weiblicher Schoß«. »Erbarmen« ist von daher keine sehr glückliche Übersetzung von *riham*. Der Mutterschoß ist eher ein Organ des Mitlebens als bloß des Mitleidens. Der Mutterschoß ermöglicht neues, noch sehr verletzliches Leben. Mit seiner Hilfe erlebt die Mutter die Anfänge des neuen Lebens symbiotisch mit, sich mitfreuend, mitleidend, mitlebend. Von daher rechtfertigt sich die Übersetzung »mitfühlen«. Der Begriff hat, obwohl hier von Gott als Vater ausgesagt, mütterliche Wurzeln.

Wie schon im Abschnitt *Aufbau* angedeutet, steht die von Gott so intensiv ausgesagte bedingungslose Liebe in einer fühlbaren Spannung zu dem dreimaligen »über denen, die ihn fürchten« (V. 11.13.17). Werden nun, nachdem gesagt worden ist, daß Gottes Sympathie und Mitgefühl vor allem Verdienst und nach aller Schuld gelten, doch wieder Bedingungen gestellt? »Fürchten« (*jare'*) hat im AT oft den Sinn von »respektieren, ernst nehmen« und auch den Sinn unseres »glauben«. Beim großen Seesturm im Jonabuch fragen die Matrosen Jona, wer er sei. Und er antwortet in puncto Religion nicht: »Ich glaube an JHWH!«, sondern »Ich fürchte JHWH (und nicht irgendeinen andern Gott)!«.

»Die ihn fürchten« meint jene, die in irgendeiner Beziehung zu Ihm stehen, denen Er überhaupt etwas bedeutet. Die Versuchung ist, sich von einem Gott zu trennen, dessen Ansprüche und Erwartungen man nicht ganz erfüllen kann. Ps 103 ermutigt zu bleiben wie bei einem Vater, wie bei einer Mutter, die einen auch annehmen und mitfühlen, wenn man ihre Erwartungen und Forderungen nicht erfüllt. Solange man den Kontakt sucht, ist er einem zugesichert. Einem Menschen, der sich konsequent von einem fernhält, kann man die Vergebung gar nicht zeigen.

Der Grund für diese bedingungslose Vergebungsbereitschaft ist die in den V. 14–16 evozierte unglaubliche Schwäche und Hinfälligkeit des Menschen. Der Psalm argumentiert also ähnlich wie Gott nach der Sintflut in Gen 8,21. Gerade weil der Mensch böse ist von Jugend auf, will Gott ihn nicht mehr schlagen, wie er es vorher getan hat (vgl. dazu Keel 1989a: 89f.). Die Schilderung der menschlichen Schwäche in Ps 103,14–16 greift auf verschiedene traditionelle Motive zurück. In V. 14 ist es das der Bildung aus »Staub« (vgl. Gen. 2,7; Ijob 10,9). In V. 15f. ist es der Vergleich mit der kurzlebigen Vegetation Palästinas (vgl. Jes 40,6ff.; Ps 90,5f.; Ijob 14,2).

In den V. 17 und 18 wird der kurzlebige Mensch mit der *hesed* Gottes kontrastiert, die ewig dauert. Das »über denen, die ihn fürchten« wird hier noch kommentiert durch »die, die seinen Bund bewahren und sich seiner Satzungen erinnern, um sie zu tun«. Damit werden nun doch wieder sehr bestimmte und weitreichende Bedingungen für die Gewährung der *hesed* gestellt.

Handelt es sich bei V. 18 um einen nomistischen Zusatz, um die Hinzufügung eines Menschen, der fürchtete, die Zusicherung bedingungsloser Liebe, der Liebe zum Nulltarif, könne zu einer Verschleuderung »der Gnade« führen? Oder dominiert die Vorstellung, Israel könne die bedingungslose Liebe Gottes nur zuteil werden, wenn es in irgendeiner Form seine Identität bewahre? Die biblische Theologie stellt oft einen Bestand konträrer Positionen dar, die unausgeglichen nebeneinander stehen und einen Freiraum schaffen, in dem sich der Mensch selbstverantwortlich entscheiden muß.

V. 19–22: V. 19 entzieht JHWH abrupt diesem Streit, indem er seinen Thron in den Himmel setzt und seine Herrschaft in jedem Reich – dem der bedingungslosen und dem der bedingten Liebe, dem des »Evangeliums« und dem des »Gesetzes« – aufrichtet. Die Vorstellung von der Gottheit, die im Himmel wohnt, ist uralt. In Israel aber hat der im Himmel thronende Gott durch die Zerstörung des Tempels im Jahre 587/86 v. Chr. und das Exil neue Aktualität erfahren (vgl. Ez 1; Jes 66,1–3). Ein Gott im Himmel konnte überall und jederzeit gegenwärtig sein (vgl. V. 22b). V. 19 und 22 denken eher an die jüdische Diaspora als an verschiedene Völker, von denen nicht die Rede ist. Durch die Zerstreuung unter die Völker bekam das Schicksal Israels aber einen Zug ins allgemein Menschliche, insofern es das Ausgeliefertsein und die Zerbrechlichkeit menschlicher Existenz exemplarisch erfahren hat.

Die Vertreibung aus der irdischen Heimat provozierte eine verstärkte Beschäftigung mit dem himmlischen Bereich. So wendet sich das sprechende Ich nach der Aufforderung an sich selber, Gott zu loben, nicht wie das von Ps 130 an das Volk, sondern an die geheimnisvollen Geschöpfe, die die ungeheure Distanz zwischen dem Gott im Himmel und dem hinfälligen Menschen bewußt machen, wie Schiffe auf der unendlichen Wasserfläche des Meeres, die die Distanz zum Bewußtsein bringen und sie gleichzeitig überbrücken helfen. Diese Geschöpfe, die Gottes explizite Befehle ebenso ausführen wie das, was Ihm gefällt, ohne daß Er es ausspricht, werden aufgefordert, Gott zu loben und den schwachen Chor der weithin über die Erde verstreuten, nur allzu oft ihrem eigenen Willen folgenden Geschöpfe zu verstärken, damit der Aufruf an den eigenen Lebenswillen, JHWH zu loben, ein gewaltiges Echo finde, das seinerseits ein würdiges Echo auf das werden kann, was der über den Himmeln thronende Gott ins Dasein gerufen hat (vgl. zur Vorstellung vom begeisterten und lauten Lob der Engel Ijob 38,7).

Zusammenfassende Würdigung

Von der Gattung her ist der Psalm ganz eindeutig den Hymnen zuzuweisen. Sowohl die Aufforderung zum Lob wie deren Begründung sind deutlich ausgebildet, ersteres in der Aufforderung an die himmlischen Wesen, sogar auf recht originelle Weise.

Otto Betz hat 1984 in einem Aufsatz mit dem Titel »Jesu Lieblingspsalm. Die Bedeutung von Psalm 103 für das Werk Jesu« darauf hingewiesen, daß einzelne Begriffe dieses Psalms wie die Metapher von Gott als Vater oder der von der Königsherrschaft in der Botschaft Jesu eine hervorragende Rolle spielen. »Wie kaum ein anderer Text rühmt er (Ps 103) die große Barmherzigkeit und vergebende Liebe Gottes und damit gerade das, was uns Jesus in seinem Gebet und in manchen Gleichnissen gelehrt, aber auch in seinem

Verhalten bewährt hat« (Betz 1984: 253). Diese Tatsachen geben dem Psalm trotz seines streckenweise etwas anthologisch-zitathaften Charakters bleibenden Wert. Etwas befremden mag uns die vertikale Achse: einzelner, Israel, himmlische Chöre (vgl. Sir 24). Versöhnen kann uns mit dieser Engführung, daß sie schwachen, angefochtenen, in der Diaspora verstreuten Menschen eine Heimat bieten soll. Das Bedürfnis, dabei Engagement und Identität zu fordern (bes. V. 18), steht in einem gewissen Widerspruch zur bedingungslosen Solidarität des elterlichen Gottes, zu der auch die Bereitschaft gehört, seine Kinder in die Selbständigkeit zu entlassen, auch auf das Risiko hin, daß sie in unheilvolle Situationen geraten und sich in Schuld verstricken.

Kurzer Rückblick

Die Psalmen 23, 73 und 139 thematisieren das Verhältnis von Individuen zu ihrem Gott. In allen dreien steht die Frage im Zentrum, ob, wo und wie das betende Subjekt »mit Gott« bzw. »Gott mit ihm« ist (Ps 23,4; 73,22–25; 139,18). Hebräisch wird das Mitsein stets mit *'im* ausgedrückt (vgl. *'immanu 'el* »Mit uns (ist) Gott«). Die Situation und die Bilder, mit der es beschrieben wird, sind in jedem der drei Psalmen ganz anders.

Ps 23 gelingt es, ein individuelles Leben mit seinen punktuellen und disparaten Erfahrungen, daß es trotz allerhand Durststrecken und Engpässen immer wieder irgendwie gegangen ist, im Lichte des Hirten Israels, der sein Volk durch die Wüste zum Zion geführt hat, als sinnvolles Ganzes zu begreifen. In wenigen Psalmen wird die heilende Kraft der Bilder, die Zufälliges und Bruchstückhaftes zu etwas Geordnetem zusammenfügen, so deutlich wie hier. Die Verwandlung des Hirten zum Gastgeber steigert das Vertrauen, gut geführt worden zu sein zu dem einer glücklichen Beheimatung auf Dauer.

Während Ps 23 von einem großen Vertrauen bestimmt ist und Krisen nur punktuell angedeutet werden, schildert Ps 73 weit ausholend die Krise einer Dreiecksgeschichte. Das sprechende Ich ist in der Vorstellung groß geworden, Gott sei gut zu denen, die lauteren Herzens sind. Es mußte aber die bittere Erfahrung machen, daß es Leute mit andern Lebensauffassungen und -entwürfen weiter brachten und es selber mehr Plackerei als Güte erfuhr. Der Versuch, die Richtung zu ändern und sich der Lebensauffassung der Skrupellosen anzuschließen, stellte es vor die Notwendigkeit, seine Beziehung zu Gott aufzugeben. Erst jetzt entdeckte es deren wahren Wert und die Substanzlosigkeit der Faszination, der es beinahe aufgesessen wäre. Die Einkehr beim Eigenen führt zu einer tieferen, geradezu mystischen Verbundenheit und zur Überzeugung, die Annahme durch Gott sei so definitiv, daß sie durch nichts, auch den Tod nicht, erschüttert werden könne.

Ps 139 beginnt fast wie ein Rätsel. Die Vorstellung vom Gott, der unsere geheimsten Gedanken kennt und der, wenn wir vor ihm fliehen wollen, immer schon da ist, kann unheimlich und bedrükkend sein. Erst in der dritten Strophe wird das Rätsel gelöst. Gott schuf mich, ehe ich davon wußte. Nicht Er schaut mir in die Karten, sondern ich entdecke allmählich, welche Karten Er mir gegeben hat. Ich sehe Gott zu, wie Er mich als Embryo macht. Er kennt mich besser als ich mich selber. Ich nehme mich als Geschenk von ihm an und werde nach und nach mit mir vertraut. Indem ich mich selber kennenlerne, lerne ich Gott kennen, der mehr als ich selber mich selber kennt. Die Skrupellosigkeit der Skrupellosen kann diese Reise zu mir selber gefährden. Aus der Angst um die Gefährdung dieses einzigartigen Gutes bricht der Haß wie ein Vulkan aus dem sprechenden Subjekt hervor, der gleichzeitig die Größe dieses Gutes, aber auch die Unfähigkeit des betenden Ichs verrät, mit dieser Gefährdung umzugehen.

Während sich Ps 139 mit der Erschaffung des Individuums beschäftigt, thematisiert Ps 104 Himmel, Erde und Meer als Schöpfung. Im Gegensatz zu Gen 1, wo unsere Vorstellung von biblischer Schöpfungstheologie dominiert, sieht Ps 104 die Welt nicht als eine Art Pyramide, auf deren Spitze der Mensch als Herrscher thront. Die Schöpfung wird als Haus mit vielen Wohnungen, als Garten mit vielen Abteilungen geschildert, um die sich der Schöpfergott persönlich kümmert. Er wird nach dem Modell der Sonne dargestellt. Wo er wirkt, ist Leben, wo er sich entzieht, ist Tod. Sein Leben wird allen Geschöpfen gleicherweise zuteil. Der Mensch hat keinerlei Recht, einzelne von ihnen zu unterdrücken oder gar auszurotten. Der Psalm hat manche Einsichten ägyptischer Sonnenhymnen übernommen. Jesus hat von der Sonne als Bild für das Wirken Gottes wichtige Impulse empfangen (vgl. Mt 5,45), und nur selten war das Christentum so sympathisch und faszinierend, wie wenn es sich von dieser Tradition bestimmen ließ, in der das Kreaturbewußtsein den Menschen zu geschwisterlicher Verbundenheit mit allen Mitgeschöpfen führte (Sonnengesang des Franz von Assisi).

Schon Ps 104 hat die Welt am Rand als bedrohte dargestellt. In Ps 74 wird der Mythos von der durch Chaosungeheuer gefährdeten Welt auf geschichtliche Verhältnisse appliziert. Nach der Zerstörung des Tempels ist Judäa wie die Welt vor der Schöpfung. Da Gott die Welt dereinst dem Chaos entrissen hat, kann er es doch auch jetzt wieder tun, muß Er es wieder tun. Warum tut Er es nicht? Unmerklich werden in diesem Psalm die politischen Gegner den Chaosmächten, dem Reich des Bösen, zugesellt. Ein nicht unproblematischer Vorgang, der sich im politischen Leben allerdings dauernd wiederholt und durch die Radikalität und Gewalttätigkeit, die die Auseinandersetzungen dadurch erhalten, die Welt als Haus des Lebens gefährden.

Ps 130 schreit wie Ps 74 ebenfalls aus einer Notsituation zu Gott, die allerdings vager beschrieben ist als die in Ps 74. Mit dem Begriff »Aus der Tiefe«, der ebenso anschaulich wie offen ist, können die verschiedensten Notlagen abgedeckt werden. Die Erfahrung, daß Gott selbstverschuldete Unheilssituationen nicht stabilisiert, sondern um der Hinfälligkeit des Menschen willen aufzuheben bereit ist, ermutigt das sprechende Subjekt, zuversichtlich auf den Morgen und eine Wende zu hoffen. Diese Haltung verstärkt es dadurch, daß es Israel auffordert, sie seinerseits zu übernehmen.

Was Ps 130 erhofft, besingt der Hymnus von Ps 103 als geschehen. Im Leben des sprechenden Ichs wie des Volkes hat die Bereitschaft Gottes, die Konsequenzen von Fehlentscheidungen und schwerer Schuld außer Kraft zu setzen, immer wieder Neuanfänge ermöglicht. In einzelnen Versen wird die bedingungslose, elterliche Liebe Gottes durch die Forderung, die Kontinuität und Identität der Geschichte mit Ihm zu wahren, doch wieder Bedingungen unterworfen. Diese Spannung läßt die Bibel wie zahlreiche andere bestehen und zwingt den Menschen in dem so geschaffenen Raum, frei und ungeschützt seine Verantwortung wahrzunehmen. Dabei werden sich ihm immer wieder Gelegenheiten – bald zum Klagen und Bitten, bald zum Loben und Danken – bieten.

Gottesdienstanregung

Als Loblied der im Gottesdienst versammelten Gemeindeglieder bietet sich Psalm 103 unmittelbar für die Gottesdienstgestaltung an. Dabei fügt sich der Aufbau des Psalms mühelos in den Ablauf des gewohnten Gottesdienstes ein und könnte dessen Schwerpunkte bestimmen.

Die beiden einleitenden Verse mit ihrer wiederholten Selbstermunterung eignen sich als *Eröffnung* des Gottesdienstes und weisen zugleich auf seinen besonderen Charakter hin. Sie sollten darum mit der freien Begrüßung verbunden und zu einer Einführung in den Gottesdienst erweitert werden. Ein passender Liedvers (EKG 347,1; 188,1 – weitere Strophen im Verlauf des Gottesdienstes) oder Kanon unterstreicht sinnvoll das tragende Motiv. Dem (wiederholten) Aufruf zum Gotteslob könnten einzelne Gemeindeglieder dadurch entsprechen, daß sie kurz von ihren Erfahrungen mit Gott erzählen. (In einer kleinen Dorfgemeinde geschah dies nach Aufforderung spontan. Von den Teilnehmern wurde das anschließend auf Befragen ausdrücklich als belebendes Element begrüßt. In größeren Gemeinden empfiehlt es sich, Gemeindeglieder vor dem Gottesdienst anzusprechen bzw. diesen Teil des Gottesdienstes mit einer kleinen Gruppe vorzubereiten.) Anschließend sollten die einleitenden Verse des Psalms, verbunden mit den Versen 3–5, gelesen und damit auch die persönlichen Heilserfahrungen des biblischen Sängers in Erinnerung gerufen werden. Mit dem Gloria Patri könnte der Gottesdienst seinen gewohnten Fortgang nehmen.

Die Verse 6–13 (18) eignen sich als *Predigttext*, da der Psalmist hier aus dem individuellen Bereich heraustritt und die in der Geschichte seines Volkes gewirkten Heilstaten Gottes preist. Was hier

wie eine allgemeine Lehrmitteilung aussieht, ist doch für einen Israeliten mit konkreter geschichtlicher Erfahrung gefüllt und sollte darum auch in der *Predigt* erzählend vermittelt werden. Der Glaube holt seine Kraft nicht zuerst aus der Hoffnung auf das zukünftige Heil, sondern aus der Erinnerung an die großen Taten Gottes in der Geschichte seines Volkes und im Leben des einzelnen Geschöpfes. Darum halten wir unsere Gottesdienste als Gedenkstunden wider das Vergessen, das Abendmahl als Gedächtnismahl, damit wir die Glaubenserfahrungen mit Gott festhalten, sie uns aus der Vergangenheit begleiten auf dem Weg in die Zukunft:
die Erfahrung seines Erbarmens, die uns barmherzig sein läßt in einer erbarmungslosen Welt,
die Erfahrung seiner Geduld, die uns langmütig werden läßt in einer unduldsamen Zeit,
die Erfahrung seiner Güte, durch die auch wir Schuldigen einen neuen Anfang und Versagern eine neue Chance eröffnen können. Gott sagt ja zu uns trotz unserer negativen Lebensbilanz. Gott wendet sich uns herzlich zu, obwohl wir versagt haben. So bleiben die Hoffnungen trotz allem stärker als die Befürchtungen. Wer Gott dafür dankt, denkt weiter, nimmt Gott mit auf den ungewissen und nicht selten mühseligen Weg in die Zukunft.

Nach der Predigt könnten die Verse 6–18 als gemeinsames *Bekenntnis* gesprochen werden, vorausgesetzt, die Gemeindeglieder haben den Text in der Bibel oder im Bibelwochenheft vor Augen.

Die Verse 14–18 sind darüber hinaus als biblisches Votum bei *Abkündigungen* von Todesfällen gut verwendbar.

Wird das *Abendmahl* im Gottesdienst gefeiert, eignen sich die Verse 19–22 als Lobpreis (Präfation), Einzelverse des Psalms auch als Spruch zur Entlassung nach der Austeilung.

In der *Sendung* sollte noch einmal (vgl. V. 22b) an die einleitenden Verse und damit an die Bedeutung des Gotteslobs für die Erfüllung unseres Auftrags in dieser Welt erinnert werden. Enden sollte die gottesdienstliche Versammlung, wie sie begonnen hat: mit dem gesungenen Gotteslob der gesamten Gemeinde (z. B. EKG 187,5–7, 188,5 228,3, 234,5).

Gesprächsanregungen

1. Einstiegsmöglichkeiten

a) Brillen helfen, besser zu sehen; sie können die Wirklichkeit aber auch verzerren und verfärben. Mit welcher Brille sehen wir unser Leben (schwarz, golden, rosarot)?
b) Bilder und Fotos mit negativen und positiven Lebensinhalten auslegen und auswählen lassen. Welche Bilder mag ich lieber? Welche Bilder entsprechen mehr meinem Leben?
c) Kindheitserfahrungen: Das Bild Gottes ist oft von den Vater- und Mutter-Erfahrungen in der Kindheit geprägt.

2. Inhaltliche Erarbeitung

Im gemeinsamen Gespräch wird der kunstvolle Aufbau des Psalms zu entdecken gesucht (und evtl. als Tafelskizze festgehalten): der Lobpreis auf Gottes Wohltaten – am einzelnen – am Gottesvolk – an der Schöpfung.

Am Schluß des Psalms werden auch die Engel zum Lobpreis aufgerufen.

3. Thematische Weiterführung

Gemeinsames Gespräch über den Inhalt des Psalms im Vergleich zu unseren eigenen Lebenserfahrungen.

- Der Psalm erscheint uns zunächst etwas lebensfremd, weil er so positiv gestimmt ist. Aber er kennt auch die dunklen Seiten des Lebens. Wir wollen sie im Psalm aufsuchen. Welche eigenen Lebenserfahrungen könnten wir hier ergänzen?
- Der Psalmist bleibt nicht im Negativen stehen; er möchte seine Erfahrung vermitteln, daß Gott das Schlechte zum Guten wendet. Wie ist das im Psalm dargestellt? Wo haben wir das im eigenen Leben auch erfahren?
- Schließlich möchte der Psalmist diese Erfahrungen mit Gott ins Wort heben und zum Gotteslob machen. Er hat sich im Gebet gleichsam einen Merkzettel geschaffen, um die Wohltaten Gottes nicht zu vergessen.

Auch wir könnten uns solch einen persönlichen Merkzettel schreiben und ihn immer wieder zum Gebet verwenden.

Vergleichstexte

Gerechtigkeit

Tag für Tag leiden Menschen, werden zu Krüppeln geschlagen, werden umgebracht und gefoltert. Wir dürfen es uns nicht bequem machen und darauf warten, daß der Unterdrücker eines Tages das Licht erkennen möge, damit die Unterdrückten dann die Hand ausstrecken und ihn um die Brosamen einiger kleiner Reformen bitten könnten. Das wäre in sich selbst entwürdigend und würde der Unterdrückung Vorschub leisten.

Wahre Gerechtigkeit, Gottes Gerechtigkeit, fordert eine radikale Veränderung der Strukturen, und diese kann nur von unten, von den Unterdrückten selbst, kommen. Gott wird die Veränderung durch die Unterdrückten herbeiführen, so wie er es mit den jüdischen Sklaven in Ägypten getan hat. Gott schafft seine Gerechtigkeit nicht durch die Reformen der Pharaonen dieser Welt.

Überall in der Bibel zeigt sich Gott als der Befreier der Unterdrückten. Er ist nicht neutral. Er versucht nicht, Mose und Pharao miteinander zu versöhnen, die hebräischen Sklaven mit ihren ägyptischen Unterdrückern oder das jüdische Volk mit irgendeinem seiner späteren Unterdrücker zu versöhnen. Unterdrückung ist Sünde, mit der kein Kompromiß eingegangen werden kann; sie muß beseitigt werden. Gott stellt sich auf die Seite der Unterdrückten. Wie wir in Psalm 103,6 lesen: »Der Herr schafft Gerechtigkeit und Recht allen, die Unrecht leiden.«

Als Christen sind wir dazu gerufen, unsere Feinde zu lieben (Mt 5,44). Dort steht nicht, daß wir keine Feinde haben werden oder haben sollen oder daß wir Gewaltherrschaften nicht als unsere tatsächlichen Feinde bezeichnen sollten. Doch haben wir einmal unsere Feinde identifiziert, so müssen wir uns bemühen, sie zu lieben. Das ist nicht immer leicht. Doch dann dürfen wir nicht vergessen, daß die größte Liebe, die wir beiden – den Unterdrückten und unseren Feinden, den Unterdrückern – entgegenbringen, sich darin erweist, daß wir die Unterdrückung beseitigen, die Gewaltherrscher entmachten und eine gerechte Regierung zum Wohle aller einsetzen.

Aus dem Kairos-Dokument 1985 (Südafrika)

Inserat

Ein Mensch wird gesucht, einer unter fünf Milliarden: Größe und Aussehen unwichtig, Bankkonto und Wagentyp nebensächlich. Geboten wird eine interessante Tätigkeit. Gefordert wird unmenschlich viel: mehr hören als reden, mehr verstehen als richten, mehr helfen als klagen. Ein Mensch wird gesucht. Für Dankbarkeit wird keine Garantie übernommen. Sollten Sie sich der Arbeit gewachsen fühlen, melden Sie sich bitte so bald wie möglich beim Nächstbesten!

M. Gutl

Impuls: Aus dem, was Gott an uns getan hat, sollte Menschlichkeit mit anderen erwachsen.

Literaturhinweise

1. Exegetische Literatur

Verzeichnis der abgekürzt zitierten Literatur

Assmann, J.: Ägyptische Hymnen und Gebete (Die Bibliothek der Alten Welt), Zürich/München 1975

Bernhardt, K.-H.: Zur Gottesvorstellung von Psalm 139, in: Kirche, Theologie, Frömmigkeit. Festschrift für Gottfried Holtz, Berlin 1965, 20–31

Ders.: Amenophis IV. und Psalm 104, Mitteilungen des Instituts für Orientforschung 15/2 (1969), 193–206

Betz, O.: Jesu Lieblingspsalm. Die Bedeutung von Ps 103 für das Werk Jesu: Theologische Beiträge 15 (1984), 253–269

Dijk, J. van: Une incantation accompagnant la naissance de l'homme, Orientalia 42 (1973), 502–507

Freedman, D. N.: The Twenty-Third Psalm, in: L. L. Orlin (ed.), Michigan Oriental Studies in Honor of George G. Cameron, Ann Arbor 1976, 139–166

Gerleman, G.: Der Nicht-Mensch. Erwägungen zur hebräischen Wurzel NBL, VT 24 (1974), 147–158

Holman, J.: Analysis of the Text of Ps 139, BZ 14 (1970), 37–71. 198–227

Ders.: The Structure of Psalm CXXXIX, VT 21 (1972), 298 bis 310

Hommel, H.: Das religionsgeschichtliche Problem des 139. Psalms, ZAW 47 (1929), 110ff.

Ders.: Der allgegenwärtige Himmelsgott, ARW 23 (1925/26), 193ff.

Irsigler, H.: Psalm 73 – Monolog eines Weisen (Arbeiten zu Text und Sprache im AT 20), St. Ottilien 1974
Keel, O.: Feinde und Gottesleugner. Studien zum Image der Widersacher in den Individualpsalmen (SBM 7), Stuttgart 1969
Ders.: Die Welt der altorientalischen Bildsymbolik und das Alte Testament. Am Beispiel der Psalmen, Neukirchen-Vluyn und Zürich 1972, 41984
Ders.: Zur Ikonographie der Ω-Gruppe, in: O. Keel/H. Keel-Leu/S. Schroer, Studien zu den Stempelsiegeln aus Palästina/Israel. /CBand II/OBO 88), Freiburg (Schweiz) und Göttingen 1989, 56–75
Ders.: Jahwe in der Rolle der Muttergottheit, Orientierung 53 (1989), 89–92 (zitiert: Keel 1989 a)
Krašovec, J.: Die polare Ausdrucksweise in Psalm 139, BZ 18 (1974), 224–248
Mannati, M.: Sur le quadruple ›avec toi‹ de Ps. LXXIII 21–26, VT 21 (1971), 59–67
Marrs, R. R.: A Cry from the Depths (Ps 130), ZAW 100 (1988), 81–90
Mittmann, S.: Aufbau und Einheit des Danklieds Psalm 23, ZThK 77 (1980), 1–23
Nagel, G.: A propos des rapports du Ps 104 avec les textes égyptiens, in: Festschrift A. Bertholet zum 80. Geburtstag, Tübingen 1950, 395–403
Nordheim, E. von: Der große Hymnus des Echnaton und Psalm 104. Gott und Mensch im Ägypten der Amarnazeit und in Israel, Studien zur altägyptischen Kultur 7 (1979), 227–251
Power, E.: The Shepherd's Two Rods in Modern Palestine and in Some Passages of the Old Testament (Ps 23,4; Zach 11,7ff.; 1 Sam 17,43), Biblica 9 (1928) 434–442
Ringgren, H.: Einige Bemerkungen zum LXXIII. Psalm, VT 3 (1953), 265–272
Ders.: Ugarit und das AT. Einige methodologische Erwägungen, Ugarit-Forschungen 11 (1979), 719–721
Schmitt, A.: Entrückung – Aufnahme – Himmelfahrt. Untersuchungen zu einem Vorstellungsbereich im Alten Testament (Forschung zur Bibel 10), Stuttgart 1973

Seybold, K.: Psalm 104 im Spiegel seiner Unterschrift, ThZ 40 (1984), 1–11
Sharrock, G. E.: Psalm 74. A Literary-Structural Analysis, Andrews University Seminary Studies 21 (1983), 211–223
Smith, M. S.: Setting and Rhetoric in Psalm 23, JSOT 41 (1988), 61–66
Spieckermann, H.: Heilsgegenwart. Eine Theologie der Psalmen (FRLANT 148), Göttingen 1989
Stähli, H.-P.: Solare Elemente im Jahweglauben des Alten Testamentes, OBO 66, Freiburg (Schweiz) und Göttingen 1985
Steck, O. H.: Der Wein unter den Schöpfungsgaben. Überlegungen zu Psalm 104, TThZ 87 (1978), 173–191
Stolz, F.: Die Bäume des Gottesgartens auf dem Libanon, ZAW 84 (1972), 141–156
Wagner, S.: Zur Theologie des Psalms CXXXIX, VT. S 39 (1978), 357–376
Wolff, H. W.: Anthropologie des Alten Testaments, München 1973
Würthwein, E.: Erwägungen zu Ps 73, in: Festschrift A. Bertholet zum 80. Geburtstag, Tübingen 1950, 532–549; auch in: Ders.: Wort und Existenz, Studien zum AT, Göttingen 1970, 161–178
Ders.: Erwägungen zu Psalm 139, VT 7 (1957), 165–182; auch in: Wort und Existenz (a.a.O.), 179–196
Zenger, E.: Mit meinem Gott überspringe ich Mauern. Einführung in das Psalmenbuch, Freiburg i. Br. 1987

Weitere Literatur

Die Bibel mit Erklärungen, Evangelische Haupt-Bibelgesellschaft zu Berlin und Altenburg 1989
Fohrer, G.: Das Alte Testament II/III, Berlin 1970 (S. 132ff.)
Groß, H. und H. Reinelt: Das Buch der Psalmen, Leipzig 1978 (Teil I) und 1979 (Teil II)
Kraus, H.-J.: Psalmen, Berlin 1980
Rad, G. v.: Theologie des Alten Testamentes, Berlin 1963 (Abschnitt: Israel vor Jahwe)
Seidel, H.: Auf den Spuren der Beter. Einführung in die Psalmen, Berlin 1980
Seybold, K.: Die Psalmen. Eine Einführung, Stuttgart u. a. 1986

Weiser, A.: Die Psalmen, Berlin 1955
Westermann, C.: Abriß der Bibelkunde, Berlin und Altenburg 1981, 133ff.
Ders.: Das Loben Gottes in den Psalmen, Berlin 1953

2. Hinweise auf Arbeitsmaterial

(1) Ps 23
Bibelhilfe A 1983, S. 90
Christenlehre 6/1966, S. U. 101
Handreichung Bibelwoche 1966/67, S. 20
Voigt, Das verheißene Erbe, S. 160
(2) Ps 73
Bibelhilfe B 1971, S. 142
Christenlehre 4/1953, S. U 66
Frauenhilfe 3/1982, S. 23
Handreichung Bibelwoche 1966/67, S. 48
(3) Ps 139
Bibelhilfe B 1978, S. 105
Christenlehre 4/1989, S. U 57
Frauenhilfe 4/1976, S. 27
Frauenhilfe 1/1989, S. 34
(4) Ps 104
Bibelhilfe B 1971, S. 129
Bibelhilfe B 1988, S. 159
Christenlehre 6/1981, S. U 81
Christenlehre 8–9/1987, S. U 118
Voigt, Das verheißene Erbe, S. 289
(5) Ps 74: Keine Bearbeitungen
(6) Ps 130
Christenlehre 7/1948, S. U 105
(7) Ps 103
Bibelhilfe A 1983, S. 84
Christenlehre 5/1973, S. U 70

Einführung in die Psalmen:
Bibelhilfe A 1983, S. 64

Ich spreche mit Gott. Entdeckungen in den Psalmen: Frauenhilfe 3/1989, S. 27

Bearbeitungen in den Handreichungen für Gottesdienste mit Kindern

Psalm 23: Sexagesimä 1989

Psalm 73: Letzter Sonntag im Kirchenjahr 1986

Psalm 139: 4.–7. Sonntag nach Trinitatis 1989

Psalm 103: 20./21. Sonntag nach Trinitatis 1989

Erklärungen

Bibelhilfe A/B	Bibelhilfe für die kirchliche Jugendarbeit Ausgabe A für Ältere / Ausgabe B für Jüngere, Evangelische Verlagsanstalt Berlin
Christenlehre	Die Christenlehre. Zeitschrift für den katechetischen Dienst, erscheint bei der Evangelischen Verlagsanstalt Berlin
Frauenhilfe	Arbeitshilfe der Zentrale der Evangelischen Frauenhilfe, Potsdam
Handreichunge Bibelwoche	Handreichung für die Bibelwoche, erschienen bei der Evangelischen Haupt-Bibelgesellschaft zu Berlin und Altenburg
Handreichungen für Gottesdienste mit Kindern	erschienen bei der Evangelischen Verlagsanstalt Berlin
Voigt, Das verheißene Erbe	Gottfried Voigt: Das verheißene Erbe. Homiletische Auslegung alttestamentlicher Texte, Evangelische Verlagsanstalt Berlin

3. Quellenangaben

Bethge, Eberhard: Dietrich Bonhoeffer, Evangelische Verlagsanstalt Berlin 1986, 684f.

Gnanabaranam, Johnson: Mein Jesus, mache mich neu, Evangelisch-Luth. Mission Erlangen, Erlangen 1986, 15; 21

Gutl, Martin: Inserat, aus: Die Kirche vom 11. 6. 1989

Heitler, Walter: Zitat nach: Jörg Gutzwiller: Werkbuch Psalmen erleben, Brunnen-Verlag Gießen und Basel 1982, 44
Herzog, Werner: Wo die grünen Ameisen träumen. Filmerzählung, Verlag Volk und Welt 1989 (hier Nacherzählung)
Joseph, M. J.: Geben und Empfangen, Evangelisch-Luth. Mission Erlangen, Erlangen 1978, 17 ; 58
Meyer zu Uptrup, Klaus: Transformation zu Psalm 104 vom Konzil der Jugend Taizé 1974, in: Tag mit Gott, Verlag J. F. Steinkopf, Stuttgart 1976
Rasputin, Valentin: Abschied von Matjora, Verlag Volk und Welt, Berlin 1979 (S. 176ff.) Übersetzung: Elena Panzig
Ders.: Der Brand, Verlag Volk und Welt, Berlin 1987 (S. 35; 41f.; 50ff.; 95ff.), Übersetzung: Erich Ahrndt
Tendrjakow, Wladimir: Morast und andere Novellen, Band 2, Verlag Volk und Welt, Berlin 1978 (S. 266ff.), Übersetzung: Eckhard Thiele
Thomas, M. A.: Weise den Weg, Evangelisch-Luth. Mission Erlangen, Erlangen 1975, 19; 31; 37; 77
Weiteres Material wurde Zeitschriften, Arbeitshilfen u. ä. entnommen.
Für freundlich erteilte Abdruckgenehmigungen wird hiermit herzlich gedankt.

Bilderläuterungen

Abb. 1 (zu Ps 23)
Zu Beginn der altorientalischen Hochkulturen am Ende des 4. und zu Beginn des 3. Jahrtausends v. Chr. war das Kleinviehhirtentum im Bewußtsein ihrer Trägerschaft noch außerordentlich wichtig. Ein Rollsiegel aus dieser Zeit zeigt einen Hirten, der, mit einem Stab und einer Handwaffe ausgerüstet, seiner Herde vorangeht. Ein Teil der Siegelfläche ist zerstört. In Randgebieten wie Palästina behielt das Hirtentum seine Bedeutung viel länger bei. (Vorderasiatisches Museum, Berlin; Photo in A. Moortgat, Vorderasiatische Rollsiegel. Ein Beitrag zur Geschichte der Steinschneidekunst, Berlin 1940, S. 58 Nr. 4; Zeichnung: Keel 1984, S. 209, Abb. 313)

Abb. 2 (zu Ps 23)
Um 3000 v. Chr. wurde der Priesterfürst von Uruk im südlichen Mesopotamien gern als guter Hirte dargestellt, der die Mähnenschafe füttert. Die Schilfringbündel, die die Szene links und rechts flankieren, sind Symbole der Göttin Inanna, unter deren Schutz die Herden stehen. Die Metapher »Hirte« für Könige und Gottheiten reicht in diese frühe Zeit zurück. Im Vordergrund stehen nicht das Herrschen und Gehorchen, sondern das Eintreten und Sorgen des Hirten für seine Herde. (Vorderasiatisches Museum, Berlin; Photo in A. Moortgat, a.a.O., S. 87 Nr. 29; Zeichnung: H. Keel-Leu)

Abb. 3 (zu Ps 73)
Das Geführt- und Angenommenwerden des Menschen durch die Gottheit wurde im alten Orient fast ausschließlich am König exemplifiziert. Ps 73 demokratisiert eine ganze Reihe solcher Privilegien. Die hethitische Kultur des 13. Jahrhunderts v. Chr. kennt das Bild der Gottheit, die den König an die Hand nimmt und führt. (Felsrelief in Yazilikaya, in der heutigen Türkei; Zeichnung aus K. Bittel u. a., Das hethitische Felsheiligtum Yazilikaya, Berlin 1975, Taf. 62, Nr. 81; Farbphoto ebenda, Taf. VII)

Abb. 4 (zu Ps 73)
Der ägyptische Gott Ptah, der in Memphis als Ur- und Schöpfergott verehrt wurde, empfängt (nimmt) den Pharao Sesostris I. (um 1950 v. Chr.), indem er seine Hände um den Leib des Königs legt. Der König hat seine Hand grüßend erhoben. (Relief von einer Kapelle Sesostris I. in Karnak in Oberägypten; Photo in W. Wolf, Die Kunst Ägyptens. Gestalt und Geschichte, Stuttgart 1957, S. 363, Abb. 308f.; Zeichnung: Keel 1984, S. 180, Abb. 274)

Abb. 5a und b (zu Ps 139)
Das betende Ich von Ps 139 redet in Vs. 13 von seiner Entstehung im Mutterleib. In V. 15 ist diese plötzlich in die Tiefen der Erde verlegt. Das Ineinander von Frau und Erde ist der kanaanäischen Vorstellungswelt geläufig. Der Mensch erfährt sich

mit seinen Kräften und Fähigkeiten in die des Kosmos eingebunden. Ein Goldanhänger aus Ugarit in Nordsyrien und einer vom Tell el-Adschul südlich von Gaza (beide um 1500 v. Chr.) zeigen Kopf und Geschlechtsmerkmale einer Frau. Der Zweig, der aus der Scham bzw. aus dem Nabel herauswächst, macht deutlich, daß es hier um die Darstellung weiblicher Kräfte schlechthin geht, der menschlichen und der der Erde, die sich im Hervorbringen der Vegetation bewähren. Nach Ps 139 sind diese Kräfte nicht selbsttätig, sondern der Gott Israels ist in ihnen wirksam. (Abb. 3a Musée du Louvre, Paris; C. F.-A. Schaeffer, Les fouilles de Ras-Shamra-Ugarit. Neuvième campagne (1937): Syria 19 (1938) S. 322, Fig. 49,7; Abb. 3b Ashmolean Museum, Oxford; Farbphoto in Herders Großer Bibelatlas, Freiburg i. Br. 1989, S. 103, Nr. 4; Zeichnung: H. Keel-Leu)

Abb. 6a und b (zu Ps 139)
Die Malerei auf einem Gefäß aus Megiddo zeigt einen stilisierten Baum, von dem Wasser niederströmt. Wildziegen springen herbei, um von ihm zu fressen. Auf einem Gefäß aus Lachisch, das ebenfalls um 1350 v. Chr. entstanden ist, wird der Platz des Baumes von einer weiblichen Scham eingenommen (vgl. Abb. 5b). Wo einzelne starke Bäume wachsen, sind die mütterlichen Lebenskräfte besonders stark. Ihnen vertraut man gerne die Toten an. Debora und Saul werden unter Bäumen begraben (Gen 35,8; 1 Sam 31,13). (Die Zeichnungen der Gefäße aus Megiddo und Lachisch sind entnommen: R. Amiran, Ancient Pottery of the Holy Land, Jerusalem 1969, S. 161, Pl. 50, 7 und 6)

Abb. 7a–c (zu Ps 139)
Eine Terrakottaplakette aus der Zeit um 1750 v. Chr. stellt die babylonische Geburts- und Muttergöttin dar. Die babylonischen Gottheiten tragen ihre Attribute, in diesem Falle Menschen(köpfe), auf den Schultern. Ein Kind ruht an ihrer Brust. Zwei Frühgeburten flankieren sie. Über ihnen sind zwei langgestreckte omegaähnliche Zeichen zu sehen. Sie sind Symbole des Mutterschoßes. Omegaförmige Zeichen sind in dieser Zeit auf Amuletten in Kindergräbern in Anatolien und Nordsyrien (Abb. 7b) und in Palästina zu finden (Abb. 7c). Sie sollen dem Kleinkind etwas von der Wärme und dem Mitgefühl (hebr. *rechem*, *rachamim*. des Mutterschoßes ins Grab hinein vermitteln. (Die Zeichnungen sind entnommen aus O. Keel/H. Keel-Leu/S. Schroer, Studien zu den Stempelsiegeln aus Palästina/Israel II [Orbis Biblicus et Orientalis 88], Freiburg (Schweiz) und Göttingen 1989, S. 59, Abb. 32; S. 47, Abb. 15 und 16)

Abb. 8a–b (zu Ps 139)
Zwei aus der gleichen Form gepreßte Terrakotten (um 1250 v. Chr.), die in Afeq und in Revadim in Israel gefunden worden sind, stellen eine nackte Frau dar. Sie trägt eine Perücke (?), die ähnlich gestaltet ist wie das omegaförmige Zeichen auf Abb. 7a. Unterhalb ihrer Brüste sind zwei Kinder zu sehen, von denen nicht ganz klar ist, ob sie beim Trinken oder als Embryonen im Mutterleib dargestellt sind. Die Frau scheint ihre Scham zu öffnen, was auf eine bevorstehende Geburt hin-

deuten könnte. Links und rechts der Scham ist auf dem Oberschenkel ein Baum dargestellt, an dem sich eine von rechts bzw. links hinzukommende Wildziege gütlich tut (zur Kombination von Baum und Scham vgl. die Abb. 5 und 6). Noch im 7. Jahrhundert v. Chr. hat man den Kopf der Toten in Judäa gelegentlich in das omegaförmige Zeichen, das den Mutterschoß repräsentiert, gebettet, wie dieses Detail aus einem Grab in Jerusalem zeigt. (Photos der beiden Terrakotten bei P. Beck, A New Type of Female Figurine, in: M. Kelly-Buccellati (Hrsg.), Insight through Images. Studies in Honor of Edith Porada [Bibliotheca Mesopotamica 21], Malibu 1986, Pl. 12; Zeichnung: H. Keel-Leu; die Zeichnung des omegaförmigen Gebildes aus O. Keel/H. Keel-Leu/S. Schroer, Studien zu den Stempelsiegeln aus Palästina/Israel II [Orbis Biblicus et Orientalis 88], Freiburg (Schweiz) und Göttingen 1989, S. 69, Abb. 49).

Abb. 9 (zu Ps 104)
Die sogenannten altorientalischen Weltbilder, die man in den meisten biblischen Handbüchern sieht, stellen die Welt wie dieses als ein geschlossenes technisches System dar. In drei miteinander eng zusammenhängenden Punkten werden diese modernen Rekonstruktionen des altorientalischen Weltbildes diesem aber nicht gerecht. Erstens konnten sich die Alten keine Welt vorstellen, die ohne ständiges göttliches Wirken funktionierte. Sie waren nicht so blöd zu glauben, die Erde als eine Masse aus Gestein und Humus würde auf dem Wasser schwimmen, ohne von einer wunderbaren Macht an ihrem Ort gehalten zu werden. Zweitens war die Welt in der Vorstellung des alten Orients kein geschlossenes System, sondern auf böse, vor allem aber auf gute übermenschliche Mächte hin offen. Drittens ist die Rekonstruktion von Abb. 9 viel zu naturalistisch. Die ständige Präsenz göttlicher Mächte verlangte eine stärker symbolische Darstellung (Zeichnung aus Th. Schwegler, Die biblische Urgeschichte, München 1960, Taf. 1 gegenüber S. 64).

Abb. 10 (zu Ps 104)
Dieser neue Versuch einer Rekonstruktion des altorientalisch-biblischen Weltbildes lehnt sich eng an altorientalische und altägyptische Weltbilder und biblische Aussagen an. Auf der geöffneten Gesetzesrolle steht Spr 3,19a: »Durch Wissen und Können (*chokmah*) festigt der Herr die Erde.« Die einem altägyptischen Weltbild entlehnten stützenden Arme veranschaulichen diesen fundamentalen Glaubenssatz Altisraels. Die einem altbabylonischen Weltbild entnommene gehörnte Schlange (vgl. Abb. 11) symbolisiert die ständige Bedrohtheit der Welt. Diese verkörpert sich im alten Israel vor allem im Meer und den Chaosungeheuern, die es bewohnen (Leviatan, Rahab usw.). Der Tempel auf dem Zion mit dem Kerubenthron und den Serafim über dem unsichtbar thronenden Gott ist das unerschütterliche Bollwerk gegn die andrängenden Chaosfluten. Seine Widerstandskraft verwandelt die drohenden Wassermassen in fruchtbare Kanäle und Bäche (vgl. Ps 46). Die Fruchtbarkeit des Tempelbereichs bringen die Bäume zum Ausdruck, die den Tempel flankieren. Der Tempel ist ein kleines Abbild der himmlischen Herrlichkeit. Auf ebenso wunderbare Weise wie die Erde ist auch der himmlische

Thronsitz in die Wasser gegründet. Das Licht des Himmels verkündet und verhüllt gleichzeitig diese Herrlichkeit, an deren Glanz die ganze Schöpfung teil hat. (Entwurf: O. Keel; zeichnerische Ausführung: H. Keel-Leu).

Abb. 11 (zu Ps 74)
Ein babylonisches Monument in der Form eines Grenzsteins stellt die Welt als dreistöckiges Gebilde dar. Die bedrohliche gehörnte Schlange umringelt die Türme und Tore der Totenstadt. Einige ihrer Einwohner sind als Vögel auf den Zinnen zu sehen. Darüber ist der Bereich der Lebenden. Er wird durch eine Prozession aus Tieren und Musikanten dargestellt, die ein großer Topf mit Pflanzen unterbricht. Über der Sphäre der Menschen ist die der göttlichen Mächte, die durch ihre Symbole dargestellt werden. (Musée du Louvre, Paris; Photo: A. Moortgat, Die Kunst des Alten Mesopotamien, Darmstadt 1967, Taf. 231; Zeichnung aus: Keel 1984, S. 38, Abb. 41)

Abb. 12 (zu Ps 74)
Auf diesem Abdruck eines neuassyrischen Rollsiegels (8./7. Jahrhundert v. Chr.) vertreibt eine Gottheit die gehörnte Schlange aus dem Bereich der Pflanzen und d. h. der bewohnbaren Erde (rechts außen). Eine knieende Gestalt reicht ihr weitere Wurfgeschosse. Die Gestalt mit der Handtrommel rechts außen feiert den kosmischen Sieg. (Pierpont Morgan Library, New York; Photo: E. Porada, Corpus of Ancient Near Eastern Seals in North American Collections I. The Collection of the Pierpont Morgan Library, New York 1948, Nr. 688; Zeichnung: Keel 1984, S. 43, Abb. 48)

Abb. 13 (zu Ps 74)
Der Drachenkampfmythos hat als Mythos vom Kampf des absolut Guten gegen das absolut Böse im Lauf der Geschichte immer wieder dazu gedient, den politischen Gegner zu verteufeln und dem Kampf um die eigenen Vorteile einen meist ganz und gar ungerechtfertigten ethischen Anspruch zu verleihen. Die Historisierung des Mythos hat meist zu einer äußerst gefährlichen Mythisierung des Historischen geführt, wie diese Nachzeichnung eines nationalsozialistischen Plakats zeigt. (Photo in: Ch. Zentner [Hrsg.], Hitlers Endlösung. Das III. Reich, Hamburg o. J., S. 97, Abb. 2; Zeichnung: H. Keel-Leu)

Abb. 14a–b (zu Ps 130)
Die alten Ägypter haben die Bitte um offene Ohren nicht nur in Worten, sondern auch in Bildern vor die Gottheit gebracht. Besonders viele Beispiele stammen aus dem 13. Jahrhundert v. Chr., aber man findet sie bis in die römische Zeit. Manchmal ist es nur ein Ohr, manchmal sind es zwei oder gar Dutzende von Ohren, die die Bitte um aufmerksame Ohren der Gottheit vor Augen halten. In unsern beiden Fällen ist es Ptah, der Schöpfergott von Memphis, der um Erhörung angefleht wird. (W. M. F. Petrie, Memphis [British School of Archaeology in Egypt 15] Plate X, 12 und XIII, 30; zur ganzen Thematik vgl. A. I. Sadek, Popular Religion in Egypt during the New Kingdom, Hildesheim 1987.)

Abb. 15 (zu Ps 103)
Der Geier war im alten Orient, besonders im alten Ägypten ein hoch angesehener Vogel. Auf unzähligen ägyptischen Reliefs sieht man die Göttin Nechbet in Gestalt eines Geiers mit ausgebreiteten Schwingen und gespreizten Schwungfedern schützend über dem Pharao fliegen. In den Klauen hält die Geiergöttin Symbole der Dauer, des Lebens und der Herrschaft. (Relief in Medinet Habu; H. H. Nelson u.a., Medinet Habu IV. Festival Scenes of Ramses III [Oriental Institute Publications 51], Chicago 1940, Plate 201, Ausschnitt)

Zum Umschlagbild
Das Tonfigürchen einer Klagenden stammt aus Israel und ist ins 12./11. Jh. vor Christi zu datieren.
Das Farbbild ist entnommen: André CHOURAQUI, L'univers de la Bible Vol.III p.361. Photo: E. Lessing, Editions Lidis – S.A. Brepols I.G.A.